Siehst du es, hörst du es?

Siehst du es, Hörst du es?

fragt

Sōtetsu Yūzen Sensei,

hält seinen Zen-Stock hoch, stößt ihn auf die Erde
und beginnt so seine Teishō ...

Werner Kristkeitz Verlag

Umschlagsgestaltung unter Verwendung einer Tuschezeichnung von Andreas Rzadkowsky.

1. Auflage 1994. Originalausgabe.

Werner Kristkeitz Verlag, Heltenstr. 1, D-69181 Heidelberg-Leimen.

Gedruckt in Deutschland

ISBN 3 921508 58 4

Inhaltsverzeichnis

Verzeichnis der Abbildungen

Weg des Buddha – Weg zum Mensch-Sein

Wir Menschen sind durch unsere Bewußtseinsfunktion so geartet, daß wir nachdenken über uns selbst, reflektieren über die Wirklichkeit und fragen: Wer bin ich? Woher komme ich? Wohin gehe ich? Wozu bin ich hier? Damit gehört die Frage nach dem Sinn des Lebens zu den wichtigsten Eigenschaften unseres Mensch-Seins.

So entstand und entsteht immer wieder das Suchen nach einer Rückverbindung mit dem Unbekannten, dem unbedingten Eigentlichen, das Suchen nach der Ganzheit, das Suchen nach Leidfreiheit und Unvergänglichkeit.

Eine solche Suche können wir ursprüngliche Religion nennen. Religion ist also keine unabhängige Größe, sondern sie existiert nur in und durch uns Menschen. Da wir hauptsächlich aus den beiden Grundtypen des Erkenntnishungrigen und des Gläubigen bestehen, gibt es dementsprechend zwei Grundtypen von Religionen: die Glaubensreligionen, die ein höheres Wesen postulieren und uns Menschen nach dessen vorgegebenen Normen ausrichten wollen, und die Erkenntnisreligionen, denen lediglich die eigene Erfahrung, das eigene Erlebnis, Richtschnur und Weg ist.

Meditation und Kontemplation in der Bedeutung von Nachsinnen, Bezug auf etwas nehmen, ist Bestandteil einer Glaubensreligion. Zazen, das gegenstandslose, schweigende Sitzen, ist das unmittelbare Gewahrwerden des Geistes in seinem Wirken, das Erlangen der Buddhaschaft durch das Sehen in die Selbst-Natur.

Zum Zazen gehört vor allem eine entsprechende Vorbereitung, ebenso wie es notwendig ist, sich vor einer Reise in ein noch unbekanntes Land möglichst umfassend zu informieren und vorzubereiten.

Viele Menschen stolpern gleichsam in das Zazen hinein, weil sie von der Unruhe ihres Herzens gepackt werden, mit ihrem Leben unzufrieden sind, Angst haben, Geborgenheit vor der Unsicherheit suchen, aber auch, weil sie mehr Erfolg anstreben und nach einer Möglichkeit suchen, ihr Dasein zu vervollkommnen. Die Antriebe sind oft zu gefühlsmäßig oder zu rational. Wir Menschen bleiben dabei im Wünschen und Wollen verhaftet, und es ermangelt uns oft der notwendigen Kenntnis unserer Person und des gewählten Weges. Relativ selten treibt uns ein tiefes Bedürfnis nach vollkommener Erkenntnis.

Zur Vorbereitung auf das Zazen ist es unerläßlich, sich über die eigenen Stärken und Schwächen ebenso wie über die Art der Erkenntnisweise, dem Zazen, Klarheit zu verschaffen.

So gab ich meinen Zen-Schülern den Rat, grundlegende Bestandteile der buddhistischen Lehre herauszuarbeiten und in Bezugnahme auf das eigene Leben darzustellen. Zen, der Weg zur Erfahrung der eigenen Buddha-Natur, bedarf der Kenntnis seiner Grundlage, der Buddha-Lehre.

Zen ist eine Lebensweise, die – von Buddha Shākyamuni selbst erprobt – auch in der heutigen Welt wirkt und hilft, das Leben leidärmer, verantwortungsbewußter und anderem Leben zugewandter zu gestalten.

In diesem Sinne wünsche ich von Herzen, daß meine folgenden Teishō Suchenden dienen, zu einem glücklichen Sein im Dasein zu finden. Doch vergeßt nicht, meine Erfahrungen sind nicht eure. Sie gleichen einem Finger, der auf die Buddha-Natur in dir, in mir und in allem weist. Macht euch selbst auf den Weg und beginnt als Suchende die Einheit mit allem zu erfahren, um so durch euer Leben – nun als Befreite – ungewollt auf die Befreiung aller Menschen und der ganzen Welt, in der wir leben, hinzuwirken.

Sōtetsu Yūzen
im Sommer des Jahres 1994

WAS IST EIN ZEN-WEG?
– WEGSKIZZE ZUR KURZEN ORIENTIERUNG –

Zen ist ein Weg, eine lebenslange methodische Übung, die Begrenzungen durch unsere Intellektualität zu überwinden.

Zen ist eine atheistische Lebensweise, die eine von Shākyamuni Buddha erkannte und erprobte Selbst- und Welterkenntnis im eigenen Leben nachvollziehen läßt.

Wir können jedoch keinen Intellekt überwinden, den wir nie erlebt haben.

Intellekt ist notwendig bei der Überwindung
wahnhafter Emotionen,
vernebelnder Unklarheit und
komplizierten, verwirrenden Denkens.

Vernunft leitet zweckgebundenes Denken. Jeder Zweck hat Grenzen. Vernunft wirkt daher nur innerhalb von Grenzen.

Wir Menschen lernen, uns selbst im reinen, umfassenden, nicht intellektbegrenzten Erkennen und Tun der alltäglichen Dinge des Lebens wahrzunehmen und zu verstehen.

Alles ist so, wie es ist. Jedes Lebewesen und jedes Ding dieser Welt folgt seiner Natur. Alle zusammen haben Buddha-Natur, sind in sich vollkommen.

Betrachten wir uns und unsere Umwelt offen, vorurteilsfrei und nicht wertend, dann können wir uns selbst und alles um uns her als das erleben, was es in Wirklichkeit ist.

Alles existiert in gegenseitigem Bezug zueinander. Alle Lebewesen und Dinge befinden sich in vielfältigen Beziehungen, in einem Prozeß, der sich seinerseits in ununterbrochener Veränderung befindet. Kein Augenblick gleicht dem anderen. Alles bezieht sich in wechselnder Relation aufeinander. Jede Ursache enthält schon die Wirkung, und jede Wirkung ist Ausdruck ihrer Ursache.

Ein ›Ich‹ oder ein ›anderes Leben‹ oder ›einen Anderen‹ über uns gibt es nicht. Die unendlich vielen Erscheinungen sind eigentlich eine Einheit, denn in jedem Teil ist das Ganze gegenwärtig. Im Zazen, dem gegenstandslosen, stillen Sitzen, können wir die Einheit in der Vielheit, das Ganze in uns als einen Teil des Ganzen erleben.

Wir Menschen als Teil einer vollkommenen Harmonie müssen neu lernen, im Prozeß des Seins beweglich zu bleiben, damit wir erkennen, wo wir sind und wie wir gebraucht werden.

In der Wirklichkeit, im wirkenden Sein, gibt es kein ›Ich‹, keine ›unveränderliche Substanz‹ im Sinne einer ›gegebenen Seele‹, die einen Körper bewohnt und der Gesetzmäßigkeit ›eines Anderen‹ untersteht. Leben ist unpersönliche Veränderung und alles in ihm ebenfalls.

Erkenntnis, das Erwachen zum wahren Menschen, kommt nicht durch Wissenschaft als Ergebnis logischer Folgerungen. Erkenntnis entsteht vom Ich-Grund her, wenn das ›Ich‹ in vollkommener Negation seiner selbst den Urgrund freigibt.

Weisheit (Prajñā, skr.) dringt in das Unbegrenzte unter Verzicht auf Erklärungen ein.

Prajñā ist die Kraft, welche uns erleben und verwirklichen läßt, was unbenennbar als wahre Wirklichkeit im Grund von allem vorhanden ist.

Zen befreit von Vorstellungen, Einbildungen und Wertungen. Alles Belebte und Unbelebte um uns her entspringt der Unbedingtheit, der Leerheit eines absoluten Subjekts, einer unbedingten Erkenntnisfähigkeit in uns.

Vernunft führt das Denken.

Das Denken ordnet Erfahrungsinhalte und schafft entsprechendes Handeln, wodurch eine für uns verständlichere Welt entsteht.

Denken ist Geist, und Geist ist Denken (Nen = Shin und Shin = Nen). Ein enger Geist lebt in der Begrenzung von Gier, Haß und Wahn. Ein weiter Geist lebt in der Unbegrenztheit des Kosmos und hält die Sinnenwelt nicht für die letzte Wirklichkeit.

Denken schafft Dualität, läßt uns Betrachter des eigenen Tuns sein und spaltet den einen Geist. Wir müssen zu unserer absoluten Subjektivität zurückfinden, in der Tat und Handelnder eins sind.

Der eine Geist hilft uns beim Sprung über die Grenze des Denkens in die Leerheit, dem unermeßlichen Urgrund von uns selbst.

Zen ist eine Revolution gegen Gelehrsamkeit und hilft beim Überwinden von schulmäßigem Denken, Philosophieren und Theologisieren. Zen stellt unser intellektuelles Gehabe bloß.

Sicherheit und Beständigkeit existieren nur in der Einbildung von uns Menschen. Das Erkennen des in uns wirkenden Seins ist zugleich ein Erkennen unseres ungesicherten und unbeständigen Lebens.

Wirkliches Leben ereignet sich nur von Augenblick zu Augenblick. Vergangenheit und Zukunft sind Festlegungen durch einen nicht erwachten Menschen, der für sein wahres Sein noch blind ist.

Zazen gleicht einem Schwert, das den Knoten willkürlicher Festlegung und selbst geschaffener Problematik durchschlägt und dadurch einfache Soheit augenblicklich freilegt.

Ein Meister des Zen führt dieses Schwert unerwartet und blitzartig, noch ehe der zu problematischem Grübeln neigende Geist dem Denken Raum geben kann.

Das Schwert schlägt den Weg frei für das Erleben der eigenen Buddha-Natur, die unabhängig ist von:

Glaubensinhalten,
Klosterregeln,
Gelehrsamkeit und Wissen,
Moral,
Askese,
Gebeten,
Rezitation heiliger Texte.

Der voreilige, kopflastige Pseudo-Zen-Anhänger mag meinen, daß

Disziplin,
Tradition,
Ritual

überflüssig seien. Er vergißt ihren Wert als erprobte Methode, als hilfreiches Orientierungs- und Erwekkungsmittel. Man darf sie nur nicht zum Selbstzweck werden lassen.

Das eigene Erfahren der Buddha-Natur ereignet sich nur auf dem Boden von authentischem Zen. Von hier aus vollzieht sich ein unmittelbares über-gegenständliches Erfassen, unplanbares, unerwartetes Durchdringen der vorgegebenen Inhalte unseres Denkens mitten hinein in ein unendliches, also undenkbares Jetzt und Hier.

Aus der Sicht des Zen, also aus buddhistischer Sicht, ist der Buddha-Geist (bodhi, skr.) nicht etwas, in dem sich der Kosmos widerspiegelt. Er ist die kosmische Wirklichkeit selbst. Diese kosmische Wirklichkeit liegt in jedem Bewußtsein vor und wird von nur denkenden Menschen als Leerheit, als Raum- und Zeitlosigkeit unbegriffen ausgegrenzt.

Der Buddha-Geist (bodhi, skr.) ist nicht etwas Geborenes, etwas Geschöpftes, kein bloßer Spiegel, der die Wirklichkeit nur als Bild widergibt. Dieser ›bodhi‹ ist die Leerheit (Sunyatā, skr.) selbst, aus der alles kommt und in die alles zurückkehrt.

Es geht im Zen nicht darum, unseren Geist so zu verändern, daß er

größer,
weiter,
reiner

wird, sondern es geht darum, den immer vollkommenen Geist in seiner Ursprünglichkeit ganz zu erfahren.

Alles, der ganze Kosmos mit seinen belebten und unbelebten Dingen, ist in dem Buddha-Geist, ist ›bodhi‹, hat Buddha-Natur.

All das sinnlich Wahrnehmbare ist an sich leer, ist frei von irgendwelchen ihm zugedachten Inhalten.

Die Buddha-Natur, unser ›ichloser Geist‹, umfaßt alles, ist alles.

Wenn wir Zen-Übende in unserem Bodhisattva-Gelöbnis sagen:

»Der Wesen sind unendlich viele,
wir geloben sie alle zu retten«,

so meinen wir nicht, daß ein sterblicher Mensch zum Retter aller Wesen werden kann.

Aus der Erkenntnis heraus, daß wir in der Buddha-Natur mit allem eins sind, geloben wir, Erleuchtung zu erlangen. Indem wir Erleuchtung erlangen, erkennen wir die Einheit in der Vielheit. In dem Erleuchtungsgeschehen vollzieht sich eine Einswerdung, die uns von allen Bedingungen befreit. Durch diese Selbstbefreiung (Jiriki, jap.) begreifen wir die Einheit mit allem und wirken durch unser Leben nun als Befreite ungewollt auf die Befreiung aller hin.

Jeder Mensch kann sich zu seiner ich-losen Ursprungsnatur, zu seiner Buddha-Natur, entwickeln. Zen kennt kein allgemeingültiges Gesetz des Handelns göttlichen Ursprungs.

Zen ist eine atheistische Lebensweise, die einerseits Gott verneint, aber zugleich uns Menschen auffordert, nicht überhebliche Humanisten zu sein, sondern uns selbst auch zu verneinen, damit eine ›Seinsweise des Selbsterwachens‹ zum wahren, freien und selbstbestimmten Menschen möglich wird.

Ein *Sesshin*-Tagesablauf

4.00 Uhr	Aufstehen	*Kaijō*[1]
4.30 Uhr	Morgenrezitation	*Chōka*[2]
	+ saurer Tee	*Baitō*[3]
	+ *Kōan*-Übung	*Dokusan*[4]
	+ Sitzen	*Zazen*[5]
7.00 Uhr	Frühstück	*Shukuza*[6]
7.30 Uhr	Aufräumen	*Niten Sōji*[7]
8.00 Uhr	Arbeitszeit	*Samu*[8]
10.00 Uhr	Tee	*Sarei*[9]
	+ Sitzen	*Zazen*
10.30 Uhr	Vortrag des Meisters	*Teishō*[10]
11.30 Uhr	Sitzen	*Zazen*
12.00 Uhr	Mittagessen	*Saiza*[11]
12.30 Uhr	Pause	*Kyūkei*[12]
14.30 Uhr	Arbeitszeit	*Samu*
15.45 Uhr	Tee	*Sarei*
	+ Sitzen	*Zazen*
16.00 Uhr	persönliches Gespräch mit dem Meister (Frage + Antwort)	*Taiwa*[13]
	+ Sitzen	*Zazen*
18.00 Uhr	Abendessen	*Jakuseki*[14]
19.00 Uhr	Sitzen	*Zazen*
20.00 Uhr	*Kōan*-Übung	*Dokusan*
	+ Sitzen	*Zazen*
	+ Abendrezitation	*Banka*[15]
	+ Sitzen	*Zazen*
23.00 Uhr	Schlafengehen	*Kaichin*[16]

Beim Rōhatsu-Sesshin[5e] ist um 3.00 Uhr Aufstehen. Die Arbeitszeit dauert dann vormittags und nachmittags nur je 1 Stunde.

Während einer Nacht im Verlauf des Rōhatsu-Sesshin entfällt die Schlafenszeit ganz.

(Erklärung der japanischen Begriffe siehe S. 176.)

Zazen, das Erkennen der eigenen Buddha-Natur

Liebe Weggefährten, liebe Zen-Freunde. Während einer bisher 30jährigen Übungsperiode habe ich mich kritisch mit dem erlebten japanischen Zen-Buddhismus, der meines Erachtens zu einer Institution erstarrt ist, auseinandergesetzt. Bei der steten Suche – auch während mehrerer Pilgerreisen durch Indien und China – nach authentischem Zen und seiner Funktion für uns Menschen der Gegenwart wurde ich immer wieder veranlaßt, die Zen-Praxis unserer Gemeinschaft brauchbar in unser alltägliches Leben zu integrieren. Zen-Gemeinschaft muß Lebensgemeinschaft sein. Für mich ist das Erwachen zum gestaltlosen Selbst und die Umsetzung dieser Erfahrung in ein schöpferisches Gestalten des Alltags voneinander nicht trennbar.

Daraus ergibt sich ein immer neues Bemühen, Zen-Erfahrung im täglichen Geschehen zu verwirklichen. Ist unser Bemühen echt, so ergibt sich notwendigerweise eine Auseinandersetzung zwischen abendländischer Tradition und der für uns neuen Wirklichkeit eines lebendigen Buddhismus. Wir Menschen hier, deren Weltsicht und Wertesysteme in der abendländisch-europäischen Kultur begründet liegen, müssen uns konfrontieren mit Zen, einer Seinsweise, die nicht mit der uns anerzogenen Lebensart vergleichbar ist.

Zen läßt mich fragen: Wer bin ich? Was ist mein wahres Selbst? Zen-Erfahrung bezeugt eine Seinsweise des Selbst, die absolut frei und ungebunden ist.

Der entscheidende Schritt dorthin ist die Befreiung von uns europäischen Zen-Übenden aus dem noch heute existierenden, mittelalterlichen, theozentrischen Welt- und Selbstverständnis. Es ist das sich Ablösen von einer Fremdbestimmung und Fremderlösung, die aus einem Gottesglauben hervorgeht.

Zen, der Weg der Befreiung, läßt sich uns um Selbstverwirklichung bemühen auf der Grundlage eines Atheismus.

Das Verhängnis von uns sogenannten modernen Menschen der Neuzeit besteht darin, daß wir den Weg der Befreiung halbherzig und egoistisch vollziehen. In dem Bemühen um Selbstverwirklichung haben sich zwar viele Menschen von einer Daseinsweise befreit, in der Gott Mittelpunkt ist, doch an Stelle Gottes hat der Mensch den Menschen gestellt. Aufgrund eines falschen Verständnissses seiner eigentlichen Seinsweise blieb der Mensch an sich selbst als dem angenommenen Mittelpunkt der Wirklichkeit haften.

Ergebnis ist unsere Unruhe im Hin- und Hergerissenwerden zwischen Optimismus und Pessimismus. Unser Optimismus gründet auf der sich scheinbar immer mehr vergrößernden Beherrschung der Natur mit Hilfe moderner Technologie.

Pessimismus und Verzweiflung gar erfahren wir im Erleben des eigenen Versagens, eigener Wertlosigkeit und dem Gefühl, nicht gebraucht, nicht geliebt zu werden. Wir Zen-Übende haben die Möglichkeit, die selbstgesteckten Grenzen unseres ›modernen Menschseins‹ zu erkennen und zu durchbrechen.

Immer deutlicher gelingt es uns zu begreifen, daß wirkliche, in unserem Leben wirkende Selbstgestaltung erst dann erreicht werden kann, wenn wir nicht als Mittelpunkt dem Sein im Wege stehen, sondern wenn es uns gelingt, uns selbst zu negieren.

Viele von uns haben schon einen Menschen kennengelernt, der sich von seiner Egozentriertheit entbunden hat und frei und ungezwungen in der Welt lebt und handelt.

Die wahre Wirkung des Zen kann ich euch nicht mit Worten übertragen. Sie bleibt allein dem Zazen vorbehalten – wenn es authentisch gezeigt und sich an der Quelle orientierend geübt wird.

Ist Zen, so bin ich gefragt worden, nicht eine Art buddhistische Mission?

Ist eine solche Übung zur Lösung unserer Probleme nicht artfremd?

Sind nicht zu große kulturelle und religiöse Differenzen zwischen abendländischer Tradition und Zen, dem gelebten Buddhismus, vorhanden?

Durch eigene Erfahrung – denn ich bin selbst ein Europäer, der sehr wohl auf dem Boden abendländischer Kultur gesittet erzogen wurde – habe ich die in obigen Fragen enthaltenen Zweifel vollkommen auflösen können.

Was als Zweifel anklingt, kann meist als Widerwille entlarvt werden, eine uns eigene überhebliche Selbsteinschätzung abendländischen Denkens und Handelns in Frage zu stellen. Unsere Ansichten, Einschätzungen und nicht zuletzt unser Menschenbild, das wir stolz für das alleingültige und allgemeinverbindliche halten, wollen wir keiner Kritik – noch dazu einer ›gottlosen‹ – aussetzen.

Es geht – wie uns ›moderne Kleriker‹ als Möchtegern-Zenisten weismachen wollen – eben ohne ein solches Infragestellen. Durch ›esoterische Übersetzung‹

zen-buddhistischer Grundlagen zum ›besseren Verständnis für Christen‹ verriegeln sie nicht nur das Tor zum Zen, sondern betrügen auch Suchende, indem sie, anstatt den ›Weg der Befreiung‹ zu weisen, nur das Inventar im ›abendländischen Geistgefängnis‹ von der exoterischen auf die esoterische Etage hochtheologisieren.

»Pluralismus«, bemerkt Stephen Batchelor *, »der die unabhängige Gültigkeit anderer geistiger Wege anerkennt, ist essentiell schwierig bis unmöglich für Christen.

Zusätzlich zu Pater Lassalle hat auch der irische Jesuit William Johnston Zen geübt und darüber geschrieben. Er kommt zu einem ähnlichen Schluß: ›Von Zen kann und will ich weiterhin viele Dinge lernen. Aber ich bin überzeugt, daß es nicht dasselbe ist wie die christliche Kontemplation, zu der ich hingezogen bin.‹

Solchen Ansichten ist vor kurzem in einem ›Brief an die Bischöfe der katholischen Kirche über einige Aspekte der christlichen Meditation‹, herausgegeben am 15. Oktober 1989, von der ›Kongregation für die Glaubensdoktrin‹ päpstliche Unterstützung gewährt worden.

Bis zum Jahre 1908 wurde die so scheinbar harmlose ›Kongregation für die Glaubensdoktrin‹ als die ›Heilige, katholische und apostolische Inquisition‹ bezeichnet, was den weißhaarigen Kardinal Ratzinger, Autor des Briefes und gegenwärtiges Oberhaupt dieses Amtes, zum direkten Nachfolger der großen Inquisitoren von einst macht.

* Stephen Batchelor: The Awakening of the West – The Encounter of Buddhism and Western Culture, Harper Collins 1994.

Dieser Brief ist eine Warnung an die wachsende Anzahl von Christen, welche von östlichen Formen der Meditation angezogen sind, nicht den Gefahren zum Opfer zu fallen, die das Ausprobieren mit sich bringt, ›christliche Meditation mit dem zu verschmelzen, was nicht christlich ist.‹ Er garantiert, daß die Betrachtung der Wahrheiten des christlichen Dogmas die wundervolle Entdeckung hervorbringen wird, daß alles Streben, welches das Gebet anderer Religionen ausdrückt, in der Wirklichkeit des Christentums grenzenlos erhört wird, ohne daß das persönliche Selbst oder das Wesen eines Geschöpfes aufgelöst wird oder im Meer des Absoluten verschwindet.«

Doch bleiben wir beim Zen. Ökologische und soziale Lasten, die durch eine technologische und wissenschaftliche Lebensführung rücksichtslos und egoistisch denkender Menschen hervorgebracht werden, erzwingen notwendigerweise ein Überdenken und Überwinden bisheriger abendländischer Selbsteinschätzung.

Hier ist der Augenblick, wo es sich lohnt, das Tor zu authentischem Zen zu öffnen. Zen zeigt uns eine Seinsweise, in der unser ›Ego‹ eine absolute Negation durchmachen muß.

Wir werden schonungslos aufgefordert, den ›Großen Tod‹ zu sterben, wenn wir das ›Große Leben‹ erfahren wollen.

Doch vergeßt nicht: Es handelt sich im Zen um keinen kompliziert angelegten Plan, den es zu verwirklichen gilt. Start und Ziel zugleich ist das Zazen, das Erwachen jetzt und hier.

Das Selbsterwachen bist du selbst

Oft werde ich gefragt: »Was ist Satori? Wie kann ich Satori erlangen?« Meine Antwort lautet immer: »Suche und finde die Antwort im Zazen! Sitze ganz aufrecht und still! Atme ruhig ein und aus! Werde zum Atmen! Laß' alle Gedanken los! Laß' alles los! Sitze nur!«

Satori, die Erleuchtung, oder das Selbsterwachen, ist nicht etwas, das über andere oder aus alten Schriften erfahren werden kann. Satori kommt im Menschen unmittelbar von selbst, von der Wirklichkeit her zum Bewußtsein.

Im Zen heißt es: »Das Selbsterwachen bist du selbst, frage nicht bei anderen herum.«

Was oder wie ist denn der eigentliche Mensch? Versuchen wir einmal die verschiedenen Daseinsmöglichkeiten oder Daseinsweisen der Menschen zu verstehen. Welche kennen wir? Da ist die ›menschliche Daseinsweise‹. Sie ist weder bejahend noch verneinend. Leben und Tod vermischen sich in einem stetigen Wechsel. Ebenso erscheinen uns das Gute und das Böse so, als wechselten sie sich in einem unbestimmbaren Rhythmus miteinander ab. Kultur im Einklang mit wissenschaftlichem Fortschritt begründet die ›menschliche Daseinsweise‹, in welcher der Mensch optimistisch, aktiv und positiv gestimmt, stets auf das Voranschreiten bedacht ist.

Eine Logik, in solcher ›menschlichen Daseinsweise‹ angewandt, führt zum Idealismus oder zum Materialismus. Das sicherste, was den Menschen trotz allem erwartet, ist der Tod. Auch wenn wir humanistische

Überzeugung haben und einem Ideal zustreben, so ändert das nichts an der Tatsache, daß wir sterben müssen. Der Tod wird zum größten Problem unseres Lebens, und weil es den Tod gibt, endet alles logischerweise in absoluter Negation.

Eine ›verneinende Daseinsweise‹ entsteht dann, wenn wir uns mit der absoluten Negation direkt konfrontieren. Wir ertragen das nicht und erdenken Möglichkeiten zur Überwindung des Todes. In uns Menschen also liegt die Quelle aller Glaubensreligionen, die vom Himmelreich nach dem Tod oder vom Übergang ins Reine Land zu berichten wissen. Es gibt aber noch einen ›Anderen Tod‹. Der gewöhnliche Tod ist das Ende des Lebens. Der ›Andere Tod‹ tritt ein, während man noch am Leben ist. Für das logische Denken ist das ein absoluter Widerspruch. Für die Moral ist der ›Andere Tod‹ eine unerträgliche Situation, in der es weder vor noch zurück geht. Für das Gefühl ist der ›Andere Tod‹ quälend.

Logik, Moral und Gefühl kommen so in eine absolute Krise, und diese Krise nun gleicht einer absoluten Verneinung des Lebens selbst. Deshalb sagen wir im Zen: »Der Augenblick der absoluten Negation des Lebens ist der Augenblick des ›Großen Todes‹, dem wir begegnen, während wir leben. Er ist das vollkommene Fehlen von Hoffnung, Erwartung und Glauben.«

Einem Menschen, der durch gründliche Selbstkritik in diese ›Große Krise‹ gekommen ist und so dem ›Großen Tod‹ begegnet, erscheint die ›menschliche Daseinsweise‹ als ein positiv gemaltes Bild vom Dasein, keine Wirklichkeit, und er kann bei dieser Weltanschauung nicht bleiben.

Die ›Große Krise‹ verlangt nach umfassenderer Bewältigung. Hier sagt Zen: »Stirb' den großen Tod, um zu leben.« Der in der existentiellsten Krise seines Lebens befindliche Mensch muß den ›Großen Tod‹ sterben, die ›absolute Verneinung‹ überwinden. Er muß in sich den absolut bejahenden Menschen wiederfinden, um nun das ›Große Leben‹ bewußt leben zu können.

Beides, der ›Große Tod‹ und das ›Große Leben‹, sind unsere Erfahrung. Um keine raum-zeitliche Erfahrung geht es dabei, sondern um eine Erfahrung, die als subjektiv und entgrenzend, also Raum und Zeit transzendierend, bezeichnet werden muß.

Ein ganz anderer Versuch der Lebensbewältigung ist die ›Daseinsweise in Gott‹. Sie beruht darauf, daß der in einer ›verneinenden Daseinsweise‹ befindliche Mensch auf ›wundersame Weise‹ durch einen sich offenbarenden Gott (als ›den Anderen‹ dem Menschen gegenüber) gerettet wird. In einer solchen ›Daseinsweise des Gläubigen‹ wird das Leben von Gott gegeben, und der gläubige Mensch kann unmöglich Gott werden. Folglich gibt es zwischen Gott und Mensch einen absoluten Unterschied. Gott ist der Aktive und der Mensch der Passive. Auch der vermittels einer Fremderlösung vielleicht in einem Himmelreich wiedergeborene Mensch bleibt Gott gegenüber in absoluter Abhängigkeit.

Wer die Gnade Gottes empfängt, muß seine Selbstbestimmung vollkommen fallenlassen und absolut passiv werden (›Wer sein Leben um meinetwillen verliert, wird es finden‹ – Bibelzitat). Die Erlösung durch die Gnade Gottes ist die Umkehr von der absoluten Verneinung zur absoluten Bejahung. Dies kann aber nur geschehen durch ›den Anderen‹, nie aus eigener Kraft.

Die Begegnung mit Gott erfolgt nicht durch die eigene vollkommene Verneinung, sondern durch die Begegnung mit Gott erfolgt die vollkommene Verneinung. Letztere ist also keine eigene, sondern eine fremdbestimmte.

In der ›Daseinsweise in Gott‹ ist alles von und durch Gott gegeben. Eine Selbständigkeit und Selbstbestimmung ist dem Menschen abgenommen worden. Gott allein bestimmt die Gesetze des Handelns für den gläubigen Menschen. Religion in diesem Sinne (im christlichen Sinne beispielsweise) besteht darin, sich vollkommen unwürdig, schuldbewußt zu fühlen und Gott absolut zu gehorchen. Es ist die mittelalterliche Daseinsweise, in welcher der gläubige, nichterwachte Mensch noch heute lebt.

Wo der Mensch die ›verneinende Daseinsweise‹ durchlitten hat und aus einer ›Daseinsweise in Gott‹ aufgewacht ist, kann die ›Seinsweise des Selbsterwachens‹ als Weg begehbar werden. Aus der vollkommenen Verneinung seines Ichs erwächst der wahre Mensch, der bis dahin unerkannt oder unbewußt als Urgrund im Ich immer schon vorhanden war.

Die Buddha-Natur, unser wahres Menschsein, tritt in Erscheinung und veranlaßt uns zu einer totalen Annahme unseres Lebens so wie es ist. Buddha-Natur ist weder außerhalb noch innerhalb von uns. Sie ist ständige Gegenwart, die Raum und Zeit überschreitet.

Den Augenblick des Gewahrwerdens der Buddha-Natur nennen wir Satori oder Selbsterwachen. Selbsterwachen ist kein Glaube an eine Seele oder Wesenheit in uns. Es ist auch keine gegenständliche Wahrnehmung einer uns immanenten Gotteskindschaft, noch der Wunsch danach, noch ein Wissen darüber.

Das Selbsterwachen im Zen ist das Erwachen des wahren Menschen, der nie etwas anderes war und solange unbewußt bleibt, bis er sich durch die absolute Verneinung hindurch entdecken und nun leben kann. Dieses Selbsterwachen ist ›Buddha‹ im Zen. Deswegen nennen wir Shākyamuni einen ›Buddha‹, einen Erwachten.

Im Prozeß des Erwachens zur eigenen, wahren Identität lassen wir die Abhängigkeit, die Bedingtheit, die Fremdbestimmung durch Gott hinter uns. Der so Erwachende, sich selbst Erlösende, ist frei, unabhängig, selbstbestimmt und selbständig. Er bedarf keiner göttlichen Gnade und keiner göttlichen Gesetze.

Bei Meister Rinzai heißt es: »Trefft ihr den Buddha, dann tötet ihn.« Außerhalb der Seinsweise des Selbsterwachten gibt es nichts und niemand, das oder der Buddha genannt werden könnte. Ein Buddha als ›ein Anderer‹, als ›das große personale Gegenüber‹ ist nichts als eine verabsolutierte Projektion menschlicher Wunschvorstellung.

Auch in der ›angebeteten Figur‹ eines personifizierten Buddha gipfelt lediglich die gigantische Projektion des als ›heilig‹ gewerteten, ichhaften Denkens. Die ›verneinende Daseinsweise‹ des Menschen ist ein Erkenntnisschritt, dem er einen weiteren folgen lassen muß, damit der wahre Buddha lebendig werden kann. Meister Hakuin sagt in seinem Chorgesang vom Zen: »Hier ist nichts anderes als Lotosland, und dieser Leib hier ist nichts anderes als Buddha.«

Shākyamuni Buddha war es, der in seiner Erleuchtung erfuhr, daß die ›Seinsweise des Selbsterwachten‹ nichts anderes ist als die eigentliche Seinsweise von uns Menschen.

Shākyamuni Buddha zeigt uns das als ein Vermittler und warnt zugleich vor dem Wahn, Buddha, das Erwachen, zu erwarten, zu erhoffen oder zu glauben, so als sei Satori ein gnadenreiches Geschenk von ›einem Anderen‹, eine vom wahren Menschen verschiedene Angelegenheit.

Hier wird offenbar, warum Zen, die ›buddhistische Seinsweise des Menschen‹, grundlegend getrennt ist von der ›Daseinsweise in Gott‹, ohne jegliche Vereinbarkeit damit.

Zusammenfassend laßt es mich so sagen: Satori, die Art und Weise des Erwachens zum wahren Menschen, ist das Bewußtwerden des absoluten Subjekts in uns. Das absolute Subjekt ist eine Fähigkeit des Erkennens, die nicht bedingt wird durch Dinge und Gedanken – auch nicht durch Gedanken an oder über Buddha. Das absolute Subjekt in uns ist formlos. Es läßt jede Form als unsere unbedingte Fähigkeit zum Erkennen zu.

Tritt irgendeine Form körperlich oder geistig in Erscheinung, so wird dadurch unsere unbedingte Fähigkeit zu Erkennen nicht vereinnahmt. Weder Erscheinungen jeglicher Art noch die Tatsache der Entstehung von Erscheinungen beeinflussen unsere unbedingte Erkenntnisfähigkeit, unser absolutes Subjekt, in irgendeiner Weise.

Satori, das Erwachen zum wahren Menschen, läßt ein Bewußtsein entstehen, das weder äußere noch innere Wahrnehmungen zum Gegenstand hat. Satori ist

unser absolutes Subjekt, das vollkommen wach ist und aktiv aus sich selbst heraus alles so wahrnimmt, wie es an sich ist.

Was will und kann Zen? Zen ist ein Erkenntnisweg, der uns aufgrund von Wirklichkeitserfahrung aus der ›Fremdbestimmung durch Gott‹ und aus einer ›Daseinsweise in Gott‹ herausführt. Zen gibt uns Mut und durch Zazen die notwendige Kraft, das der ›menschlichen Daseinsweise‹ eigene zwanghafte Positivdenken mit seinem ›immer mehr‹ und ›immer besser‹ zu überwinden.

Zen bringt uns in eine existentielle Krise durch eine ›verneinende Daseinsweise‹, auf deren Grund – gelingt es uns, sie zu durchleben – sich eine Umkehr zur ›Seinsweise des Selbsterwachens‹ vollzieht.

Zen weist uns Menschen der Gegenwart, die wir dabei sind, im selbstgeschaffenen Chaos zu ersticken, einen Weg, der durch den ›Großen Tod‹ zum ›Großen Leben‹ führt, wie ich vorhin ausgeführt habe. Meine Ausführungen zur ›Seinsweise des Selbsterwachens‹ sind nicht Ausdruck der geoffenbarten Erklärung ›eines Anderen‹, sondern Stationen auf dem Weg eigener Suche – geleitet und geprüft durch meinen Meister Seki Yūhō Rōshi.

Er war es, der mir immer wieder zu verstehen gab: »Der imitierte Buddha ist nicht der wahre Buddha – finde ihn in dir!« Seki Yūhō Rōshi zeigte mir Zen, indem er mir als Erwachter in seinem Tun die Seinsweise des Selbsterwachens vorlebte. So hat Vorgelebtes mich wortlos zum Selbsterleben bewegt. Bewegt euch auch! Kommt mit auf dem Zen-Weg, und taucht ein in die ›Seinsweise des Selbsterwachens‹!

Buddha ist nicht der Andere

Seid ihr wach? Ist euer Kopf leer? Wollt ihr wirklich zuhören – nur hören?

Immer, ehe ich mit Teishō beginne, schaue ich in den Butsudan mir gegenüber. Dort sitzt Monju-Bosatsu. Wenn ich ihn nur anschaue, nur sehe, sind wir eins. Monju-sama, die Weisheit des Buddha, und ich sind im nur Sein eins.

Im Sein, in unserer Ursprungsnatur, gibt es kein Dieses oder Jenes. Der große Spiegel hat kein Mögen oder Nichtmögen, kein Monju-Sein oder Sōtetsu-Sein. Reines Sein, So-sein, bewegt sich nicht. Unerschöpflich ist seine Bewegung. Verweilen ohne Verweilen, Sehen ohne Sehen. Verweilen im Nichts und Schauen der Leerheit.

Ein Mönch fragte Meister Enō nach dem Sinn des Wortes ›Dein Herz ist Buddha‹. Enō-sama antwortete: »Wenn der erste Gedanke nicht entsteht, das ist das Herz, wenn der folgende Gedanke ihn nicht vollendet, das ist Buddha. Herz, das heißt alle Dinge entstehen lassen. Buddha, das heißt alle Dinge vernichten. Dies bedeutet: Dein Herz ist Buddha.«

In einem alten chinesischen Volkslied, das ich während unserer Pilgerreise im vergangenen Jahr hörte, heißt es: sobald die Sonne aufgeht, beginnen wir zu arbeiten, sobald die Sonne untergeht, ruhen wir uns aus. Wir graben den Brunnen und trinken. Wir pflügen das Land und essen – was geht die Macht Gottes uns an?

Graben auch wir tief in uns und trinken aus der Quelle. Pflügen wir unseren Gedankenacker und kosten vom Zen-Geist, vom Geist, der in der Unbegrenztheit des Kosmos wirkt. Er hilft euch beim Sprung über die Grenze des Denkens in die Leerheit. Hier werdet ihr nicht mehr ›den Anderen‹ finden, der euch weisgemacht wurde, an den ihr gekettet wurdet. Befreit euch jetzt! Werdet wach! Nehmt euch selbst an! Geht den Weg der Befreiung!

Unter Religion verstehen wir im allgemeinen das Verhältnis des Menschen zu Gott. Die Gottesgesetzlichkeit, so glauben wir, sei dem Recht des Menschen, sich selbst zu verwalten, absolut übergeordnet.

Gott ist für den Menschen ein unerreichbares, absolutes Gegenüber, ein Anderer. Es will besagen, daß die Göttlichkeit vom Menschen nicht erforscht oder begriffen, sondern nur geglaubt werden kann. Somit ist Gott mit der menschlichen Selbstverwaltung unvereinbar. Gott und Mensch sind absolut getrennt. Gott ist der aktiv Gebende und der Mensch der passiv Empfangende.

Wie nun wird dem Menschen gegeben? Durch die Offenbarung Gottes. Nur besonders dazu bestimmte Menschen werden ihrer teilhaftig. Für sie, so wird behauptet, soll Gott erkennbar werden.

Der Mensch glaubt sich in einen Zustand, in dem ihm von ›einem Anderen‹ sein Verhalten vorgeschrieben ist. Glaube ist die Verneinung der menschlichen Selbstverwaltung in Eigenverantwortung.

Der Mensch sieht die Wahrheit aus sich selbst heraus nicht ein, sondern nimmt den geoffenbarten Willen Gottes ohne Einsicht gehorsam an. Ein selbstkritisches Hinterfragen ist ungehorsam, ist sündhaft. Seine Selbstverwaltung gibt der Mensch auf, unterstellt

sich einer von außen gegebenen Gottesgesetzlichkeit und erhofft Rettung durch Glauben.

Gelebter Buddhismus ist ein anderer Weg. Uns Zen-Übenden stellt sich der Buddha nicht als absolut Anderer dar, sondern als unser ›wahres Selbst‹. Hier im Zen ist Religion, das Verhältnis von uns zu Buddha, nicht etwas von unbekannt Geoffenbartes, sondern – im Gegenteil – gerade das, was uns am sichersten und zutiefst bewußt ist. Buddha ist nicht ›der Andere‹, sondern ganz und gar unser Selbst, unser vollständiges Selbst, unser absolutes Subjekt.

Buddha im Zen – vom Grund her verstanden – ist nicht Gesetzgeber einer Religion in der Art des ›vollständig Anderen‹, sondern wir Zen-Übenden begreifen Religion in einer Weise des ›Vollständig-selbst-Seins‹. Das religiöse Gesetz ist im Zen nicht ein geglaubter Buddha, sondern eine uns Menschen klar bewußt gewordene, von uns selbst erkannte eigene, innere Gesetzlichkeit. Wer aus dieser Gesetzlichkeit lebt, wird ›der wahre Mensch‹ genannt. Dementsprechend ist Buddha nicht vom Menschen getrennt, sondern der zu sich selbst erwachte Mensch selbst. Im Buddhismus wird Religion so verstanden, daß der Mensch das, was man Buddha nennt, selbst wird – soweit er sich zum ›wahren Menschen‹ entwickeln möchte. Keine Mission zwingt ihn dazu. Deshalb kann er es auch lassen. Es gibt demnach nicht nur einen einzigen Buddha, sondern alle Menschen sind schon in sich Buddha – aber meistens blind und unerwacht dafür.

In der Umkehr heißt es: außer diesem ›wahren Menschen‹ kann es keinen ›wahren Buddha‹ geben. Die wahre Wirklichkeit, zu der jeder Mensch ›selbst‹

gelangen kann, wenn er möchte, ist, was Buddha genannt wird. So verstanden ist Offenbarung kein Mysterium. Sie wird dann auch nicht nur auserwählten Menschen zuteil. Nein, sie ist in jedem Menschen als Buddha-Natur gegenwärtig. Deshalb sagt Meister Hakuin: »Die Menschen sind in ihrem tiefsten Wesen Buddha.«

Im Zen, dem lebendigen Buddhismus, ist Religion nicht der Glaube an etwas, sondern das Erwachen zum eigenen, wahren Selbst.

»Buddha Shakyamuni«, so sagt Stephen Batchelor, »sah Meditation als ein Heraustreten aus der Verpflichtung zu einer besonderen Weltsicht und aus der Verpflichtung zu einer Menge übereinstimmender ethischer Werte. Dieses Modell, das seinen klarsten Ausdruck in der Struktur des Edlen Achtfachen Pfades findet, verträgt sich ganz klar nicht mit der Vorstellung von Zen als einer wertfreien Erfahrung, die in Bezug auf eine religiöse oder philosophische Vorliebe interpretiert wird. Unanzweifelbar am Buddha-Dharma ist ein Verstehen, das, ganz gleich wie unbeschreiblich eine Erleuchtungserfahrung auch sein mag, sich aus einem Gerüst von Gedanken und Handlungen erhebt, mit welchem sie zutiefst verbunden ist. Diese Perspektive wurde von dem Theologen Rudolf Otto geteilt, der 1925 im Vorwort zum ersten deutschsprachigen Buch über Zen* schrieb:

›Keine Mystik ist bloß ein himmlisches Gewölbe. Sie ruht eher auf einem Fundament, das sie, so weit

* Ohasama/Faust: Zen, der lebendige Buddhismus in Japan, Verlag Friedrich Andreas Perthes, Gotha/Stuttgart 1925.

sie kann, bestreitet, aber von dem sie fortwährend ihren eigentümlichen Charakter erhält, der nie identisch ist mit woanders entwickelten Formen der Mystik.‹

Man muß sich nur einmal anschauen, was mit Yoga passiert ist, einmal ein wesentlicher Bestandteil einer geistigen Tradition, die heute oft zu nicht mehr als einem Fitneßsystem reduziert ist.«

ZEN, EINE ATHEISTISCHE LEBENSWEISE

Aus der Zen-Erfahrung ergibt sich für das eigenverantwortliche Selbstbewußtsein des wahrheitssuchenden Menschen die Notwendigkeit zu einer atheistischen Lebensweise. Unser Menschsein ist eine kritische Existenz und kann deshalb nicht nur in einer Selbstgesetzgebung steckenbleiben. Ein Überwinden unseres vorgestellten Menschseins wird dadurch möglich, daß wir einen Weg beschreiten, der weder Gott noch den Weltmenschen zum Ziel hat.

Was für ein Weg soll das sein? Unsere Selbstgesetzgebung bedarf einer Kritik, die keine bloße Verneinung ist, sondern dazu dient, unser Ureigendstes freizulegen.

Gerade so kommt es zur Neugeburt von uns Menschen, zu einem sich Einbeziehen in diese Welt. Dieses Neugeboren-werden wird nicht bewirkt durch ›die Kraft Gottes‹, sondern es geschieht aus dem Selbst, aus dem eigenen Grund.

Unser Hervorkommen aus dem eigenen Grund wird nicht bedingt von einem ›vollständig Anderen‹, sondern unser Selbst muß sich selbst verneinen, um von selbst eine Neugeburt zu erfahren.

Wir Zen-Übenden nennen dieses vollkommene Verschwinden von Geburt und Tod ›Daishi‹ (jap.), den ›Großen Tod‹. Dōgen Kigen Zenji (1200-1253) sagt: »Shinjin Datsuraku« (jap.) = Geist und Körper loslassen – »Datsuraku Shinjin« (jap.) = Geist und Körper völlig losgelassen.

In dem Moment des Fallens von Geist und Körper, des relativen Selbst (was durch ein Ich bedingt ist) in ›Mu‹ (jap.) = ›Nicht-etwas‹, ersteht vom Tod her das gleiche Selbst (Geist und Körper) wieder auf, doch jetzt als absolutes Selbst (ein durch nichts mehr bedingtes, reines Selbst).

Nochmals gesagt: In dem Moment des Fallens von Geist und Körper, des relativen Selbst (bedingtes Ich) in ›Mu‹ entsteht vom Tod her das gleiche Selbst (Geist und Körper), doch jetzt als absolutes Selbst (durch nichts bedingtes, reines Selbst).

Den ›Großen Tod‹ sterben heißt nicht, irgendwann in der Zeit dahingehen. Gemeint ist das Jetzt und Hier. In diesem Augenblick – unvorbereitet (plötzliche Erleuchtung) oder vorbereitet (stufenweise Erleuchtung) – kann sich das Auflösen von Leben und Tod vollziehen. Die Welt mit ihrem Leben und Sterben verschwindet. Es entsteht ein ganz neues Leben, eine Neugeburt aus dem Schoß des reinen Selbst, aus ›Mu‹.

Das Kōan »Mu«, das 1. Kōan aus dem Mumon-Kan, hat noch keiner meiner Schüler gelöst, obwohl einige schon weit mehr als ein Jahrzehnt mit mir Dokusan üben. Es erscheint mir als eines der umfassendsten und tiefsten aller Kōan und bedarf zur Lösung ein entsprechend tiefes Eindringen in den Seinsgrund, ein langes, beharrliches Üben.

Eine Neugeburt ist aus dem Zen-Verständnis heraus natürlich nicht die sinnlich sichtbare Wiederauferstehung eines gestorbenen Menschen. Es ist ein Ereignis, das nur im ›neuen Geist‹, im ›unbedingten Geist‹, faßbar ist. Jener Geist ist es, der im absoluten Nichts endlos neu wird und immer wieder in uns zu neuem Leben erwacht. Für uns Zen-Menschen ist die-

se Neugeburt ein entscheidendes Ereignis auf unserem Weg.

Zen führt zu einer Tiefe, in der das entzweite Selbst (dualistisches Subjekt-Selbst und Objekt-Selbst) seine ursprüngliche Einheit wiedergewinnen kann. So können wir im Zazen einen Zustand erleben, können uns dorthin fallen lassen, wo das Selbst sich vollkommen mit sich selbst identifiziert. Es ist das Selbst, welches das Selbst in das Selbst einbaut.

Im authentischen Zen vollzieht sich die radikale und drastische Verwandlung des Menschen von einer relativen zu einer absoluten Selbstheit. Dazu Meister Rinzai Gigen (gest. 866): »Oh, ihr Brüder auf dem Weg, ihr müßt wissen, daß ihr in der Wirklichkeit des Buddhismus keine außerordentlichen Aufgaben zu verrichten habt. Möchtet ihr wissen, wer unser geistiger Vorfahr Buddha (das absolute Selbst) ist? Es ist niemand anders als ihr selbst, die ihr mir hier und jetzt zuhört.«

Ein Zen-Wort heißt: »Von der Klippe die Hand loslassen und aus dem absoluten Tod auferstehen.« Zen meint damit das Zurückkehren in diese Welt oder die Neugeburt eines Menschen, der einmal seine ganze Vorstellungs- und Glaubenswelt gänzlich weggeworfen hat. Dieser Tod ist nicht der Tod im Unterschied zum Leben. Mit diesem Tod ist das Erreichen eines absoluten Nullpunktes, das Erfahren vollkommener Leerheit gemeint, wo Leben und Tod im Daseinssinne jegliche Bedeutung verloren haben.

›Auferstehung‹ im Zen ist demnach eine ganz andere als die im abendländischen Sinne. Ob und wie das ist, kann sich nur in dessen Erfahrung ereignen, der Zen als wirkliches, als wirkendes Zen übt und nicht als modifiziertes, esoterisches Spiel phantasievoller, abendländischer Mystiker.

»Die Konsequenz, Zen von seiner buddhistischen Matrix abzutrennen,« - ich zitiere Stephen Batchelor - »ist die, eine Technik der Meditation hervorzuheben, welche von verschiedenen Traditionen in Besitz genommen, interpretiert und für ihre eigenen Zwecke benutzt werden kann ...

Man sollte jedoch nicht annehmen, daß Pater Lassalle und seine Kollegen durch ihr Eintreten für Zen gewillt sind, dem Buddhismus in gleicher Weise zu begegnen wie dem Christentum ...

Die theologische Devise, die benutzt wird, um den Glauben von der Überlegenheit des Christentums gegenüber dem Buddhismus aufrechtzuerhalten, ist die Doktrin der ›offenbarten‹ Wahrheit, im Gegensatz zur ›natürlichen‹ Wahrheit. Pater Lassalle kann somit generös Erleuchtung (Kenshō) beschreiben als ›vielleicht das Höchste, das der Mensch durch seine natürliche Kraft und Anstrengung erreichen kann.‹ Nur um zu folgern, daß ›Erleuchtung, so ein erhabenes Erlangen sie auch ist, nicht mit der mystischen Erfahrung gleichgesetzt werden kann. Noch kann garantiert werden, daß sie zu mystischer Erfahrung führt.‹ Wahre mystische Erfahrung ist ein Geschenk Gottes übernatürlicher Gnade und daher jenseits der Reichweite des Buddhismus und damit des Zen.

Wie wird Erleuchtung von einem Christen wie Pater Lassalle verstanden? Das Beste, was Pater Lassalle sagen kann, ist, daß sie ›uns entlang der Linie führt, die in der Vision Gottes endet.‹

Während er anerkennt, daß der Buddhismus im Zen die Erleuchtungserfahrung kultiviert und bewahrt hat, schränkt er dieses Lob ein, indem er erklärt, wie ›das Gute, das in nichtchristlichen Religionen steckt, als ein Ersatz für den Nachteil betrachtet werden kann, daß sie daran leiden, so spät von der Offenbarung Gottes zu hören.‹ Außerdem glaubt er, daß der Buddhismus unfähig ist, die Art von Antworten zu liefern, die moderne Japaner jetzt von der Wissenschaft und westlichen Kultur erwarten, da seine Philosophie ›nicht für logische und dialektische Argumentation geeignet ist.‹ Er sieht den Buddhismus in Japan am Rand des Zusammenbruchs (eine Sicht, die von Kōdō Sawaki und Kōun Yamada geteilt wird) und sagt:

›Ich frage mich, ob auf lange Sicht der Buddhismus in der Lage sein wird, diese Schätze des Zen für das japanische Volk zu bewahren ... Ist das nicht insgesamt eine große Aufgabe für die christliche Mission? Sollte sich nicht das Christentum dieser Werte annehmen und sie mit neuem Leben erfüllen? Und wäre es für einen Japaner nicht leichter, sich zum Christentum zu bekennen, wenn er darin etwas von sich selbst finden sollte?‹

So schließt sich der Kreis, der vor mehr als dreihundert Jahren mit Matteo Riccis Versuch begann, den Konfuzianismus als eine Basis zu benutzen, um die Chinesen zum Katholizismus zu bekehren. Im liberaleren Klima des zweiten vatikanischen Konzils, nun mit Riccis Sicht der Inkulturation als offizieller Kirchenpolitik, ist Pater Lassalle so frei, Zen als ein günstiges Vehikel zu vereinnahmen, um seine selbsterklärten missionarischen Ziele zu erreichen.

Somit wird der Buddhismus nicht länger als ein Werk Satans behandelt, sondern als eine vorchristliche Reflektion von Gottes rettender Gnade, die 500 Jahre später in der Geburt von Jesus gipfelte.«

Nur Buddha und Buddha kennen einander

Bekanntlich gibt es verschiedene Schulen des Zen. Der lebendige Buddhismus ist für alle verbindliche Grundlage. Die Seinsweise des Zen-Menschen beruht auf Atheismus, der hier zu verstehen ist als eigene kritische, gottlose Selbstverwaltung.

Mit Kritik ist gemeint ein Sich-Infragestellen, welches so umfassend ist, daß wir Menschen uns verneinen, um über unser Dasein hinaus bis auf den Grund des Seins zu kommen. Indem wir uns verneinen, beginnen wir entsprechend aus einer Lebensillusion zu erwachen.

Was wir im Zen mit japanischen Worten wie *Satori* (Selbstschau), *Kenshō* (Bezeugen), *Kaku* (Erwachen), *Hannya* (= Prajñā oder mit Weisheit handeln) benennen, ist nichts anderes als unser Erwachen zum Sosein, ein Hinausgelangen über die ich-bedingte Selbstbestimmung, ein Freiwerden von ich-geschaffenen Grenzen.

Derjenige unter uns, welcher ganz erwacht ist, welcher eins geworden ist mit seiner Buddha-Natur, der ist Buddha. Außerhalb eines solchen Menschen gibt es nichts, was in Wahrheit Buddha genannt werden kann. So erwacht bezeugt der Mensch sich selbst als Buddha, als einen Erwachten.

In sich selbst erwachen heißt, daß der Buddha, ohne Person eines Glaubens zu sein, jetzt und hier lebt. Anders gesagt: Das wahre Selbst ist zu sich selbst erwacht und bezeugt sich ungewollt durch sein Wirken inmitten des Daseins. Der Vollerwachte hat die

Dualität überwunden, und es gibt keinen Unterschied mehr zwischen ihm und seinem Tun, zwischen Ursache und Wirkung.

In diesem Ereignis ist Zen grundverschieden von einer Religion, in der ein Gott weder gewußt noch bewiesen, sondern nur geglaubt werden kann. Zen ist eben ein anderer Weg. Die Beziehung bleibt in uns. »Nur Buddha und Buddha kennen einander, jap. Yuibutsu-Yabutsu«. Es wird nicht etwas geglaubt, sondern Buddha, das Erwachen, ist vollständig als Weisheit da und wirkt durch die unterschiedlichsten Individuen aus der Quelle her.

Zen kennt keine, wie in Glaubensreligionen bestehende, absolute Trennung zwischen Gott und Mensch. Nichts trennt uns gewöhnliche Menschen von Buddha. Im Zazen wird auch nicht wie in Kontemplation und Meditation Bezug genommen auf etwas. Im reinen Sitzen erfährt das Hier und Jetzt eine radikale Umkehr, ohne daß das Hier und Jetzt auch nur einen Augenblick verlassen wird.

Dazu heißt es im Hannya Shingyō : »Shiki soku ze kū, kū soku ze shiki (jap.) – Form ist Leerheit, Leerheit ist Form«.

Alle Erscheinungen der Welt unterscheiden sich nicht von der Nicht-Substanz. Es gibt keinen Unterschied zwischen der Nicht-Substanz und den Erscheinungen. Dies schließt ein, daß alle Erscheinungen der Welt Nicht-Substanz sind. Anders gesagt: Das Selbst, welches Gestalt angenommen hat, und das gestaltlose Selbst sind in Wirklichkeit nicht unterschieden.

Im Dasein bleibend, vom Dasein frei werdend, zeigt sich unser unbedingtes Subjekt als Buddha im ursprünglichen Sinne. Unser bedingtes Subjekt ist das Ich unseres Daseins. Unser un-bedingtes, absolutes Subjekt ist das Nicht-Ich, das wahre Selbst unseres Seins.

Im Zen heißt es: »Rein und unrein sind nicht zwei = Jōe-funi (jap.)«. Jene Seinsweise, in der das Selbst durch uns Gestalt annimmt, ist die Seinsweise eines Buddha. Unser Dasein wird zum Sein, wenn es aus dem wahren Selbst heraus gelebt wird.

Wollen wir von den uns bedingenden Gestaltungen frei werden, so heißt das nicht, daß wir uns einfach ins Nichts fallen lassen sollen, sondern daß wir zu unserer ursprünglichen Seinsweise zurückfinden müssen. Wir Menschen gelangen erst durch unsere eigene, radikale Verneinung zu unserem wirklichen Selbst. Als Zen-Übende müssen wir im Sterben des ›Großen Todes‹ zugleich neu geboren werden, nicht indem wir uns anderswohin denken, sondern indem wir zu unserem wahren Selbst finden und aus ihm zur ursprünglichen Wahrheit unseres menschlichen Daseins gelangen.

Jiriki, die Selbstbefreiung des Menschen

Im Zen als atheistischer Lebensweise nehmen nicht wir Menschen die Stelle eines Gottes ein. Im Gegenteil! Zen führt uns Übende zu einer kritischen Betrachtung unserer selbst. In dem Bewußtsein, daß ich, der Übende selbst, das zu kritisierende Subjekt bin, beginne ich mich in kritischer Weise vollkommen zu verneinen. Auch die Befreiung von dieser Verneinung ereignet sich in mir. Jiriki, die Selbstbefreiung, geschieht hier in mir.

Wird in buddhistischen Kreisen von Buddha gesprochen, so scheint es mir oft, als spräche man wie in einer Gott-Religion von Gott. Ist dem so, dann wird Buddha, wenigstens aus Zen-Sicht, mißverstanden.

Es geht uns im Zen um den wahren Buddha. Denjenigen, welcher auf dem Grund des ursprünglichen Buddha entsteht, nennen wir den ›wahren Buddha‹. Deshalb sagen wir auch: »Der sichtbare Buddha ist nicht der wahre Buddha.« Der wahre Buddha ist nichts anderes als wir selbst, die wir uns vollkommen befreit haben.

Der befreite Mensch existiert aber nicht getrennt vom ›Ich-Selbst‹. Das eigene Selbst verneinen heißt nicht, einem Anderen gegenüber sich selbst zu verneinen, um sich dann mit jenem Anderen zu verbinden. Durch die Verneinung tritt aus dem Inneren des ›Ich-Selbst‹ das ›Nicht-Ich-Selbst‹, welches das ›wahre Selbst‹ genannt wird, hervor. Wenn das Ich-Selbst ohne verbleibenden Rest stirbt (Daishi, jap., = den großen Tod sterben), dann erscheint vom Grunde her das wahre Selbst.

Es verhält sich wie Schmetterling und Puppe zueinander. Die Puppe wird nicht mit dem Schmetterling vereinigt, indem sie sich selbst aufgibt. Die Puppe wird aus sich selbst heraus ein Schmetterling. Damit aus der Puppe ein Schmetterling wird, wirken äußere Hilfen. Diese sind aber nicht das Eigentliche. Die Entwicklung des Schmetterlings aus der Puppe geschieht aus sich selbst heraus.

Der Schmetterling ist nichts anderes als das, was von sich selbst aus die Puppenhülle zerbrechend in Erscheinung tritt. Für jede Puppe ist der Schmetterling die eigene, ursprüngliche Gestalt. Das eine verschwindet nicht, während das andere übrigbleibt. Es ist vielmehr so, daß ein einzigartiges Ganzes besteht, dessen Teilhaftigkeit zu seiner Ursprünglichkeit, dem Ganzen, zurückfindet.

Der Grund der Befreiung liegt in uns

Ihr habt schon 5 Tage Zazen geübt, und der Jikijitsu (Sitzhallenleiter) hat es euch nicht leicht gemacht. Ihr seid müde, und der Körper schmerzt. Zweifel steigen in euch auf. Es ist der Augenblick, wo euer Ego wieder zu wirken beginnt. Die Daseinswelt mit ihren vielen Annehmlichkeiten und ihrer lässigen und bequemen Lebensweise lockt, läßt Sehnen entstehen und schafft Argumente gegen alles, was das Zazen euch abverlangt.

Ihr seid auch jetzt frei zu bleiben oder zu gehen. Nichts verspreche ich euch. Erwartet kein Lob von mir. Hofft nicht darauf, daß die Räucherstäbchen, die der Jikijitsu vor jeder Sitzzeit entzündet, von kürzerer Brenndauer sein werden. Nicht um mich, sondern um euch selbst geht es. Rettet euch mit aller Kraft.

Der unter euch, dem es gelingt, den ›Großen Tod‹ zu sterben, und der Zurückkehrende sind ein und derselbe. Unser Ich, das vollständig stirbt, und unser Selbst, welches neu geboren wird, sind trotz ihrer scheinbaren Verschiedenheit dasselbe. Was neugeboren wird als Selbst, ist nichts anderes als das gewandelte Ich.

Wenn wir im Zen sagen: »Der Wesen sind unendlich viele, wir geloben sie alle zu retten«, so meinen wir nicht, daß ein sterblicher Mensch zum Retter aller Wesen werden kann. Aus der Erkenntnis heraus, daß wir in der Buddha-Natur mit allem eins sind, geloben wir, Erleuchtung zu erlangen. Indem wir Erleuchtung erlangen, erkennen wir die Einheit in der Vielheit. In dem Erleuchtungsgeschehen vollzieht sich eine Einswerdung, die uns von allen Bedingungen befreit. Durch diese Selbstbefreiung (Jiriki, jap.) begreifen wir die Einheit mit allem und wirken durch unser Leben nun als Befreite ungewollt auf die Befreiung aller hin.

Das ist der wahre Grund unseres Daseins. Der erwachte Mensch steht allen und allem zur Verfügung. Er ist da als Hilfe zur Selbsthilfe. So verstehen wir im Zen Barmherzigkeit. Wie in der Puppe das Schmetterlingswerden ist, so steckt tief im Ich das Selbstwerden. So selbst geworden da sein, den Buddha bezeugen, heißt, mit Hochachtung vor seiner Buddha-Natur dem anderen bewußt machen, daß er sich genauso retten kann.

Was wir als das Erlangen von Nirvana oder die Selbst-Befreiung (Jiriki, jap.) bezeichnen, vollzieht sich nach dem Zen-Verständnis nirgendwo anders als in und durch uns Menschen selbst. Der Zen-Erfahrung entsprechend ist Buddha weder immanent noch transzendent. Er ist immer neue Gegenwart. Nur das Gegenwärtige, was jetzt und hier ist, kann der wahre, eigentliche Buddha sein.

Im Zen ist Buddha stets anwesend. Jeden Morgen, wenn ich in die Zendō komme, stelle ich frisches Wasser in den Butsudan, verehre den Buddha und übe Sampai (dreifache Verbeugung bis auf den Boden). Der Buddha lebt, ist anwesend. Wo? In mir! Das Ich erinnert sich im Tun, im Bringen des Wassers und im Hören, im Rezitieren des Sankikai (dreifache Zuflucht), seiner Ursprungsnatur, dem Selbst. Das kleine Ich verbeugt sich vor dem großen Selbst im Sampai.

Unsere Zen-Praxis sollte die eines Bodhisattva sein, eines Menschen, der für sich und zugleich für alle anderen nach dem Nirvana sucht (Bosatsu Gyō, jap.). So ein Tun ist ein freies, von den Daseinsbedingungen unabhängiges Leben, das vom Selbst inmitten der Welt durch die Person, die ich jetzt und hier bin, geführt wird. Ein solches Buddha-Tun, wie wir sagen, ist unsere ursprüngliche Seinsweise.

So wie der Schmetterling aus eigener Kraft seine Puppenhülle zerbricht und frei umherfliegt, so sind wir in uns frei. Unsere eigentliche Freiheit ist nichts anderes als das eigentliche Sein unseres Selbst. Unsere Freiheit ist ganz und gar selbstbestimmt. Zen verlangt Hingabe. Sie ist dann wahr, wenn wir uns ichlos verhalten. Zen ist der Weg vom Ich zum Selbst. Der anfänglich ich-hafte Mensch verwandelt sich im »Mu« zum ich-losen Menschen, dem wahren Buddha.

Unsere Ich-Struktur

Gestern haben wir zusammen Daruma-Ki, den Erinnerungstag an Bodhidharma, gefeiert. Ihr sagt vielleicht, daß es eine schöne Feier war. Ich habe euch Begebenheiten aus dem Leben von Bodhidharma erzählt, wir haben anschließend Tee getrunken und Kuchen gegessen. Kurz gesagt, ihr hattet ein angenehmes Empfinden.

Am Abend hat euch der Jikijitsu dann bis in die Nacht Zazen üben lassen. Nach nur 3 Stunden Schlaf mußtet ihr wieder aufstehen. Merkt ihr, wie ihr vergleicht? Gestern war es so schön. Heute fordert uns der Jikijitsu erbarmungslos schon seit dem frühen Morgen.

Wir neigen dazu, das Angenehme festhalten und das Unangenehme abweisen zu wollen. Wer in uns ist es, der so handelt? Es ist unser Ich, unser Ego, das alles ver-wesentlicht, nicht reduzierbare, endliche Realitäten schafft, das eine als gut und das andere als schlecht bezeichnet und sich selbst als Mittelpunkt einsetzt. Ein egozentrierter, festhaltender Geist ist Schöpfer von Subjekt und Objekt, von Mensch und Welt, von Schöpfer und Geschöpf.

Mit diesem Geist blicken wir Menschen (Subjekt) auf die Welt (Objekt), als distanzierte Zuschauer passiv teilnehmend. Diese empirische Weltanschauung ist nur dort möglich, wo unser Ich mit Hilfe eines Intellekts zwischen sich und Anderen unterscheidet.

Solange unser Ich in einer Ich-Erfahrungswelt wirkt, wird es sich seiner selbst nur als Mittelpunkt seiner eigenen Wahrnehmung, seines eigenen Denkens

und seines eigenen Handelns gewahr. Zen gründet auf Bezüglichkeit. Alles ist relativ und miteinander verbunden. Eine Glaubensreligion gründet auf Wesenhaftigkeit. Alles existiert für sich und ist voneinander getrennt.

Während des ersten Morgen-Zazen, so sagte mir nach dem Frühstück der Inji, gab es Unruhe in der Zendō. Ein Übender wollte nicht mehr mitsitzen. Er versuchte, mit dem Jikijitsu zu diskutieren. Der jedoch ließ sich nicht darauf ein und bat ihn, in der Zendō zu schweigen. Beleidigt über diese ›Intoleranz‹, wie er sagte, brach der junge Mann das Sesshin ab und ging von dannen. Laßt es uns kommentarlos annehmen.

Es ist wirklich nicht einfach, nur Zazen zu üben. Was durch das Tor deiner 6 Sinne eingeht, erreicht dich nicht. Torlos ist der Weg zu dir, wortlos seine Lehre.

»Beinahe dreißig Jahre lang bin ich gewandert und suchte das wahre Zen überall«, sagte Ching-k'o, ein sehr früher chinesischer Meister. »Wieviele Male sah ich an den Bäumen neue Zweige wachsen und die alten Blätter fallen. Doch in diesem Augenblick, im Anblick der Pfirsichblüten, fand ich plötzliche Erleuchtung und habe keine Zweifel mehr. Nichts ist so nah wie Zen, die Lehre von der Soheit. In einem Sandkorn habt ihr alles Land und alle Meere. Wenn wir die Wahrheit gefunden haben, dann gibt es auf der großen Erde keinen einzigen Menschen mehr.«

Versteht ihr? Versteht ihr, wie die ganze Welt ein einziger Geist ist? Verwirklicht euch! Werdet Buddha! Beendet euer Leben. Das Leben beenden bedeutet nicht sterben. Nicht sterben bedeutet das Leben beenden. Das Leben beenden bedeutet: Buddha werden. »Wie geht das?« fragt ihr. Durch Sitzen jetzt und hier in der Zendō. Zazen ist der Weg zu vollkommener Ruhe. Laßt innerlich keinen Schatten einer Wahrnehmung entstehen. Macht äußerlich keine Unterscheidung zwischen den Erscheinungen. Seid ihr mit euch selbst eins, dann denkt ihr nicht mehr und sucht auch nicht mehr nach Erleuchtung oder Befreiung von Illusionen. Ihr seid ein fliegender Vogel ohne eine zwitschernde Seele. Ihr seid ein Mensch unbewußt zwischen Menschen. Ihr übt Sesshin und unterscheidet es nicht vom Alltag. So lebt ihr in der wahren Wirklichkeit. Seid wirklich ganz da – äfft nicht das übliche Daseinsgehabe nach.

Über die funktionelle Beziehung zwischen Subjekt und Objekt

Heute regnet es. Ihr seid müde und unausgeschlafen. Um 3.00 Uhr, mitten in der Nacht, hat euch der Jikijitsu geweckt. Vielleicht ward ihr wütend auf ihn. Während Samu, der Arbeitszeit, war es kalt und regnerisch. Jetzt sitzt ihr hier vor mir, seid vielleicht mißgelaunt, und alles um euch scheint ebenso zu sein.

Wir handeln ständig in einer funktionellen Beziehung zwischen Subjekt und Objekt, zwischen Wissendem und Gewußtem, zwischen Ich und Welt. Die phänomenale Welt von uns Beobachtern ist in Übereinstimmung mit unserer innersten Seinsweise. Die Struktur des Subjekts bestimmt die Struktur des Objekts. Ich bestimmt die Welt.

Demzufolge müssen wir an der Struktur unseres Ich-Bewußtseins etwas ändern, wenn wir feststellen, daß die Welt der phänomenalen Dinge leidvoll und nicht heilsam wirkt.

Im Zen sagen wir: »Die Welt mit den Augen des Ich betrachtet wird nicht in ihrer Wirklichkeit gesehen.« Meister Nansen Fugan (748-835) zeigte auf eine Blume und sagte: »Gewöhnliche Leute sehen diese Blume wie in einem Traum.«

Eine völlige persönliche Verwandlung unseres Subjekts ist deshalb notwendig, wenn wir die Wirklichkeit der Dinge sehen wollen.

Es ergeben sich zwei Fragen:

1) Was für eine Verwandlung ist das?

2) Wie wird die Wirklichkeit der Dinge sein nach einer solchen Verwandlung?

Normalerweise sind wir Betrachter das Subjekt und die Blume das Objekt. ›Die Blume wird wie im Traum gesehen‹ will besagen, daß die Blume als Objekt getrennt von uns, den Betrachtern, erlebt wird. Die Blume in ihrer Buddha-Natur (in ihrer wahren Wirklichkeit) ist aber nicht unterschieden von unserer Buddha-Natur (von unserer wahren Wirklichkeit), wenn es uns gelingt, sie nur zu sehen.

Zur Einübung in die Kōan-Arbeit gebe ich deshalb folgendes Kōan: »Zeige mir Deine Buddha-Natur beim Betrachten dieser Blume hier vor Dir.« Es geht um die Erfahrung eines Zustandes, der weder subjektiv noch objektiv, sondern zugleich subjektiv und objektiv, also undifferenziert ist.

Unser Ich-bezogenes Subjekt sieht etwas in relativer, wechselnder und bedingter oder bedingender Weise. Die Welt erschließt sich vor unseren Augen in Übereinstimmung mit unserem jeweiligen Bewußtseinszustand. Ein gleiches Ding (0-Ding) erscheint verschiedenen Personen entsprechend ihren jeweiligen Interessen und Fähigkeiten als A-Ding, B-Ding, C-Ding und so fort.

Zen aber interessiert sich nicht für die unterschiedlichen Aspekte. Zen fordert den abrupten Sprung vom Daseins- ins Seins-Bewußtsein. Vernunftbedingtes Denken schafft Identifikation, Differenzierung und Kombination. Unsere geistige Aktivität auf der Ebene des alltäglichen Denkens ist eine diskriminierende Erkenntnis (Vikalpa, skr.).

Unsere geistige Aktivität auf der Ebene des Zen, des durchschauenden Erlebens, sollte eine nicht-diskriminierende Erkenntnis (Prajñā, skr., oder Hannya, jap.) sein.

Folgt mir einmal bei einem trockenen Denkspiel. Einen Apfel (A) als Apfel zu sehen heißt: A ist A (A=A). Die Ich-Betrachtung weist A eine Wesenheit (Begrenzung) zu. Die A-heit ist das Wesen von A (A-heit = A-Wesen).

Ein Wesen ist ein fester Kern und markiert eine unveränderliche Grenze (Svabhāva, skr.). Im Zen, dem gelebten Buddhismus, aber sagen wir: »Sabbe Dhamma Ānatta (Pali) = Alles ist wesen-los.«

Nicht ein Ding, kein Lebewesen ist unveränderlich. Es gibt nichts, was ein durch-sich-selbst-existierendes, dauernd festgelegtes Wesen hat – außer, daß man daran glaubt.

Zen sagt: »Das wahrnehmende Subjekt ist der bestimmende Faktor. Der Menschengeist ver-wesentlicht jedes Ding, er versieht jeden und jedes Ding mit einem Wesen, einer Grenze.«

Weiter sagt Zen: »Ein Ding, belebt oder unbelebt, betrachte nicht als irgendein ›Etwas‹. Betrachte es in seiner Un-Begrenztheit, in seiner Un-Wesentlichkeit, und belasse es dort.« Um einen Apfel un-begrenzt, unwesentlich sehen zu können, müssen wir, als die Subjekte des Erkennens, den Apfel mit dem Nicht-Geist (Mu-Shin, jap.) sehen lernen. Meister Hakuin Ekaku (1685-1768) nennt es »das Denken des Nicht-Denkens« und meint damit die Funktion des Nicht-Geistes. Es geht um das Einswerden mit dem Sosein als Körper-Geist-Einheit.

Man sagt im abendländischen Kulturbereich: »Werde ein wesentlicher Mensch.« Im Zen hieße das: »Werde ein begrenzter Mensch, ein auf etwas Wesentliches, Definiertes festgelegter Mensch.«

In der abendländischen Kultur wird der Mensch als ein Geschöpf oder Wesen Gottes definiert und erhält damit einen unverrückbar dualistischen Platz zugewiesen. Im Zen wird der Mensch nicht definiert, was in Bodhidharmas »Ich weiß nicht« Ausdruck findet.

Wir Zen-Übenden versuchen uns aus der unserer Kultur eigenen dualistischen Lebensweise zu befreien. Der Versuch, Zen hier zu ›inkulturieren‹, wäre der Todesstoß für Zen. Zen, der Weg der Befreiung, führt uns gerade aus einer dualistischen Zwangssituation heraus, in die wir seit unserer Geburt hier im Abendland ›inkulturiert‹ wurden.

Die ganze Welt ist ein einziger Geist

Indem wir Menschen durch die ›scheinbare Welt‹, wie wir sie durch unser Ich sehen, beunruhigt werden, zeigt sich hindurchscheinend die wahre Wirklichkeit. Wir beginnen zu ahnen, daß diese wahre Wirklichkeit verschieden sein muß von unserem Ich und von den Dingen der Erscheinungswelt.

Wir beginnen zu bemerken, daß wir alles Leiden unserer Existenz deshalb durchlaufen, weil wir die Wirklichkeit nicht so wahrnehmen wie sie eigentlich ist, sondern so, wie sie in Erscheinung tritt, wie sie scheinbar ist. Unser Dasein verliert somit mehr und mehr seine vermeintliche Sicherheit. Es entsteht eine Ahnung in uns, daß unser Dasein (Erscheinungswelt) nicht wirkliches Sein, sondern nur Erscheinung ist.

Hier hilft festes Gehen auf dem Zen-Weg. Aus unserem Zweifel heraus entsteht die Motivation, wahre Wirklichkeit zu suchen. Im Zen öffnet sich ein Weg, der uns die Wirklichkeit als wirkendes Sein, als ursprüngliches So-Sein erfahren läßt.

Durch Zazen üben wir, eine somato-psychische Haltung (Körper-Geist-Haltung) einzunehmen, bei der die zentrifugale, nach außen gerichtete Tendenz des Geistes in eine zentripetale, nach innen weisende Richtung gewendet wird. Zen ohne Zazen ist wie ein Fisch ohne Wasser, da die Zazen-Haltung notwendig ist zur Verwirklichung des wahren Selbst. Wir können uns nie wirklich selbst nur durch gedankliche Prozesse, durch Imagination, durch Glauben oder Denken erfahren.

Im Zen geht es nicht darum, unser wahres Selbst

zu wissen oder zu kennen, sondern unser wahres Selbst zu werden. Wollen wir dies erreichen, so müssen wir die ganze ›Körper-Geist-Einheit‹ loslassen, um die ›Körper-Geist-Einheit des Loslassens‹ zu erleben. Das Selbst stellt sich dann nicht mehr als ›Objekt‹ vor, sondern geht über in den Zustand des Seins, so daß es ein ›eigenes Selbst‹ nicht mehr gibt.

Im Dasein bemessen wir alle Dinge mit unserem diskriminierenden Intellekt. Ein Ding, was immer es auch sei, so behaupten wir, ist mit sich selbst identisch: »Eine Rose ist eben eine Rose.« Was sollte sie anderes sein? Wir können unserer Logik auch negativen Ausdruck geben, indem wir sagen: »Eine Rose ist nicht eine Nicht-Rose.« Zen hingegen erschüttert unsere Logik zutiefst, indem es feststellt: »Eine Rose ist Nicht-Rose.«

Um das zu verstehen, bedarf es einer Bewußtseinsänderung, die uns erkennen läßt: »Eine Rose ist so unerschöpflich eine Rose, daß sie nicht mehr nur eine Rose (ein erschöpfender Begriff) ist.«

Zen möchte uns vermitteln: »Eine Rose ist Nicht-Rose, deshalb ist sie eine Rose.« Wir nennen es ›Myō-U, jap., = außergewöhnliches Sein.‹ Zen will uns zeigen, daß die Wirklichkeit nicht von der diskriminierenden Aktivität unseres relativen Intellekts ergriffen wird – obwohl rein äußerlich, also mit den Augen des Daseins-Menschen gesehen, die gute alte Welt scheinbar immer gleich bleibt, ihr also nichts Außergewöhnliches zukommt. Im Bewußtsein des Zen-Übenden hat sich die gewöhnliche Welt in dem Abgrund des Nichts verloren und ist dann ›wieder‹ in ihrer phänomenalen Form aufgetaucht.

Bleiben wir beim Beispiel der Rose und fassen wir zusammen:

a) Der Daseins-Mensch behauptet: Eine Rose ist eine Rose.

b) Ein Zen-Mensch erkennt: Eine Rose ist Nicht-Rose.

c) Beide stellen fest: Eine Rose ist (wieder) eine Rose.

Was ereignete sich zwischen a) und c)?

Dieses Geschehen können wir als die Essenz des Zen bezeichnen. Die Ich-Struktur unseres Subjekts verwandelte sich total. Der scheinbare Kern unseres Ichs, welcher sich von allem anderen und von allen anderen unterschied, zerbrach und löste sich auf. Von »Ich bin« verschwand das »Ich« und es blieb nur das Sein.

Meister Eka Daishi, jap., oder Hui-k'o, chin. (487-593), der 2. chinesische Patriarch, nennt es ›immer klare Bewußtheit‹. Verschwindet das Subjekt, dann gibt es auch kein Objekt mehr. Alle Dinge verlieren ihre wesentliche Begrenzung.

Werden die Dinge nun nicht mehr durch willkürliche Grenzen zurückgehalten, so fließen sie ineinander in dem grenzenlosen Feld des ›Mu, jap., = Nicht-Etwas‹. Es gibt kein Ich mehr, das die Dinge als ›etwas‹ sieht und benennt. Das ganze Sein hat sich in grenzenlose Leere verwandelt.

›Mu‹ bedeutet nicht, daß die Dinge gleich Null sind. Wir Zen-Übenden beginnen zu erleben, wie die Dinge konkrete Individuen sind in ihrer unendlichen Vielfalt im Sinne eines aspektlosen, unbewerteten, ungeprägten, unbestimmten, immer aktiven und kreativen Aktes.

Der Zen-Geist ist die Wirklichkeit vor dem Denken. Wir nennen ihn ›Shin Bō, jap., = Geist der wah-

ren Wirklichkeit‹. Im Diamant-Sūtra heißt es: »Der wahre Geist entsteht, wenn der Geist bei keinem Gedanken verweilt.«

Im Zen begreifen wir: »Die ganze Welt ist ein einziger Geist.« Die ganze Welt des Seins ist die Manifestation eines einzigen Geistes. Alles, was existiert, sind mannigfaltige Produkte eines einzigen Erkenntnis-Aktes. Im Erkennen wird es geboren und stirbt.

Keinesfalls bedeutet es, daß der im abendländischen Sinne verstandene Geist ›aus sich selbst‹ produziert oder erschafft. Meister Hōgen Mon'eki (885-958) erklärt es so: »Der Mensch als Subjekt und die Rose als Objekt stehen sich gegenüber wie zwei sich gegenseitig reflektierende Spiegel ohne irgend ein Etwas dazwischen. Der Mensch sieht die Rose, und die Rose sieht den Menschen.«

Ein gleichzeitiges Geschehen vollzieht sich, in dem nichts versachlicht wird und in dem Subjekt und Objekt im Sehen verschmelzen. Die empirische Welt und die Welt des Nichts werden zusammen und gleichzeitig im Sehen lebendig.

Eine japanische Kalligraphie, die mir Tetsuo Kiichi Nagaya Sensei, mein erster Zen-Lehrer, schrieb, lautet: »Bambusschatten fegen die alte Treppe, doch die abgefallenen Blätter bewegen sich nicht.« Die Unruhe des Sichtbaren, die phänomenale Bewegung, und die Ruhe des Unsichtbaren, die über-phänomenale Wirklichkeit, sind nicht trennbar.

Tōzan Ryokai, jap., oder Tung-shan Liang-chieh, chin. (807-869), der Begründer des Sōtō-Zen, sagte es auf seine Weise: »Angehäufter Schnee in einer Silberschale und ein weißer Reiher, im Licht des Vollmondes versteckt«. Schnee, Silberschale, weißer Reiher und Mondlicht symbolisieren die sinnliche Vielheit des Weiß. Sie ist gleich der über-sinnlichen Einheit des Weiß.

Die Vielheit selbst ist eine Einheit. Die Einheit selbst ist eine Vielheit. ›U‹ ist ›Mu‹, sage ich euch oft, und ›Mu‹ ist ›U‹. Versteht ihr jetzt?

Das Sinnliche, so könnt ihr erleben, ist nichts anderes als das Nichts, und das Nichts ist nichts anderes als das Sinnliche.

Meister Rinzai Gigen, jap., oder Lin-chi I-hsüan, chin. (gest. 866), der Altmeister unserer Zen-Schule, dem Rinzai-Zen, sagt: »Was, denkst du, ist die Wirklichkeit? Die Wirklichkeit ist nichts anderes als die Geist-Wirklichkeit (reines Sehen). Die Geist-Wirklichkeit hat keine Form, Farbe, Gestalt, Namen. Sie durchdringt das ganze Universum. Sie ist in diesem Augenblick, an diesem Ort lebhaft da.«

Der Geist von uns ungeübten Daseins-Menschen ist nicht fähig, nur zu sehen. Überall erstellen wir deshalb Namen und Begriffe, wie das Absolute, das Heilige, das Erleuchtete, und suchen dann vergebens in diesen Namen und Buchstaben nach der Wirklichkeit.

Die kosmische und die individuelle Geist-Wirklichkeit zeigen sich notwendigerweise und unveränderlich in dem individuellen Geist unserer Person. Die konkreteste individuelle Anwesenheit und die transzendentalste absolute Ewigkeit vereinigen sich im Akt des Geistes, dem reinen Sehen, dem Wahrnehmen der Wirklichkeit.

Meister Rinzai weiter dazu:

»Im Auge wirkt sie als Sicht,
Im Ohr wirkt sie als Gehör,
Im Mund wirkt sie als Sprache,
In der Hand ergreift sie –
In den Flüssen fließt sie.«

Weil der Geist keine bestimmte Form hat, kann er frei in jeder Form wirken.

Dazu noch einmal Meister Rinzai: »Verehrte Freunde, anstatt in dem Netz der phänomenalen Dinge verfangen zu sein, solltet ihr denjenigen, der die Fäden hinter der Bühne zieht, direkt ergreifen. Wenn ihr nur versteht, daß der Mensch die letzte Quelle aller Buddhas ist, dann ist jeder Ort, an dem ihr wirklich (d.h. ungeteilt) seid, in diesem Augenblick der letzte und absolute Ort für euch. Es ist nicht euer stofflicher Körper, der meine Rede versteht. Ihr selbst seid es. Mit Ihr meine ich denjenigen, der ohne Name und Form aus sich selbst heraus leuchtet und sich selbst erleuchtet. Alles, was ihr tut, wird immer mit der Wirklichkeit in Einklang sein.«

Die ›paradoxe‹ Struktur der Wirklichkeit stellt Meister Daibai Hōjō, jap., oder Ta-nei Fa-ch'ang, chin. (752-839), so dar:

»Liebenswerte Schneeflocken –
sie fallen nirgendwo hin.«

Jede Schneeflocke, als Phänomen betrachtet, fällt auf die Erde. Jede Schneeflocke, mit dem reinen Bewußtsein wahrgenommen, fällt nirgendwo hin, weil beide, Schneeflocke und Zuschauer, unbedacht und gleichzeitig in der ursprünglichen Einheit des Geistes sind.

Hier ist das Universum als dynamisches Ganzes in

Schnee verwandelt. In der äußeren Landschaft fallen die Schneeflocken. In der inneren Landschaft gibt es kein Fallen, keine Bewegung, denn das Universum kann nicht auf einen anderen Ort fallen.

Unser empirisches Ich, das Ego, ver-wesentlicht alles, schafft nicht reduzierbare, endliche Wirklichkeiten und setzt sich selbst als Ich-Stubstanz fest. Eine empirische Weltanschauung ist immer dort, wo ein Intellekt unterscheidet zwischen einem Ich und einem Anderen.

Solange das empirische Ich in einer Ich-Erfahrungswelt verweilt, wird es sich seiner selbst nur als Mittelpunkt seiner eigenen Wahrnehmung, seines eigenen Denkens und seines eigenen Handelns gewahr.

Unser reiner Geist ist ein dynamisches Feld, ein ursprüngliches Ganzes. Im Zen sehen wir die Welt des Seins als Beziehung. Das Subjekt ist Subjekt, weil es sich auf das Objekt bezieht und umgekehrt.

Ein Ding kann nur als Ding bezeichnet werden, wenn es vom Licht des Subjekts überflutet wird. Ein Stock wird zum Stock, weil wir ihn Stock nennen.

Eine gleiche Beziehung gibt es zum Geist. Geist kann nur als Geist wirken durch die Bezugnahme auf die Sphäre der Dinge. Der Geist, welcher Dinge berührt, ist ein denkender Geist, und der Geist, welcher die Dinge unberührt läßt, bleibt Geist an sich, ist reiner Geist. »Alles hat Buddha-Natur«, sagen wir im Zen und meinen: »Alles hat nur einen Geist«. Dieser eine Geist ist durch unsere 6 Sinne nicht faßbar. Er ist wie die Leere des Raumes und enthält Menschen, Buddhas und alle Dinge.

Wir Menschen sind an eine Gestalt gebunden. Unsere üblichen Funktionen sind: Verdienst erwerben, mit Absicht handeln, in der Außenwelt vermittels der

6 Sinne suchen, verbunden mit indirektem, gegenständlichem, persönlichem, objektivem und raumzeitlich bedingtem Handeln.

Buddha ist an keine Gestalt gebunden. Buddha ist Geist. Buddha handelt, wenn wir so sagen wollen, auf diese Weise: er tut alles an sich, es gibt für ihn nichts zu üben und zu erlangen, er kennt keinen Unterschied zwischen innen und außen, er handelt direkt, er erlebt sich als leer, undifferenziert und ist, so wie er ist, im Jetzt und Hier gegenwärtig.

Unsere Alltagswelt, unsere Daseinswelt, ist das Gesagte, Geformte, Gedachte – ist der artikulierte, bezeichnete Geist-Bereich. Ein solcher Bereich entsteht, wenn wir einen aktiven und passiven Teil unterscheiden und den Geist als ein abhängiges, existierendes Etwas festsetzen.

Die durch Zen erlebte Welt, unsere Seinswelt, ist das Un-gesagte, Un-geformte, Un-gedachte – ist der nicht artikulierte, unbezeichnete Geist-Bereich. In ihr sind Subjekt und Objekt keine Abstraktionen, sondern jeweils eine totale Konkretisierung des gesamten Bereiches. In einem solchen dynamischen Bereich können sich Subjekt und Objekt ineinander umwandeln.

Unser Ego verwandelt sich in ein dynamisches Ich und aus jedem festgelegten Ding wird ein dynamisches Etwas. In »*Ich* sehe *das*« sind *Ich* und *das* jeweils in sich die ganze Verwirklichung ein und desselben Bereiches. Nehmen wir als Beispiel das Wildenten-Kōan. Ein Meister der T'ang-Dynastie (618-906) und einer seiner Schüler treffen sich. Es sind Meister Baso Dōitsu, jap., oder Ma-tsu Tao-i, chin. (709-788), und sein Schüler

Hyakujō Ekai, jap., oder Pai-chang Huai-hai, chin. (720-814).

Eine Wildente fliegt über ihren Köpfen. Baso fragt: »Was ist das?« Hyakujō antwortet: »Eine Wildente.« Baso fragt erneut: »Wohin fliegt sie?« Hyakujō antwortet: »Sie ist schon weggeflogen.« Da dreht Baso die Nase von Hyakujō um, so daß dieser laut »Aaauuuu ...« schreit. Baso wendet sich erstaunt an Hyakujō und fragt ihn: »Wie kannst du sagen, die Wildente sei weggeflogen?«

Was ist passiert? Hyakujō sieht die Wildente als unabhängiges Objekt, als ein aus-sich-selbst-existierendes Ding. Baso fragt nach der Wildente (er aktualisiert das Objekt). Baso ergreift die Nase von Hyakujō (er aktualisiert das Subjekt). Durch den Schmerz bemerkt Hyakujō, daß er, wie auch die Wildente, kein selbständiges Etwas sind, die unabhängig von der Aktivität des Geistes existieren.

Anders gesagt: Hyakujō gab sich als Abstraktion auf, nahm sich wahr als subjektive Aktualisierung (beim Umdrehen seiner Nase) und erkannte zugleich die Wildente als objektive Aktualisierung ein und desselben Bereiches. Einmal ist Hyakujō das Ganze. Einmal ist die Wildente das Ganze. Ohne das subjektive Erkennen durch Hyakujō gibt es keine objektive Wildente. Die Wildente braucht Hyakujō und Hyakujō braucht die Wildente, um sich zu manifestieren.

Im Wildenten-Kōan kommt es zur Abwendung vom objektiven Aspekt des Geist-Bereiches, der einen Wirklichkeit, hin zum subjektiven Aspekt des Geist-Bereiches. Im Ab- und Hinwenden, in der Bewegung, geschieht es, daß plötzlich die Gesamtheit des Geist-

Bereiches in seiner Dynamik erfahren wird.

Als weitere Verständnishilfe hierzu kann das 37. Kōan aus dem Mumon-Kan dienen: Ein Mönch fragt Meister Jōshū Jūshin, jap., oder Chao-chou Ts'ung-shen, chin. (778-897): »Warum kam Bodhidharma aus dem Westen?«

Jōshū antwortet: »Die Zypresse im Vorgarten.«

Der Mönch will wissen, welche Bedeutung das Kommen des 28. Zen-Patriarchen von Indien nach China hat. Diesmal richtet sich die Energie des Geist-Bereiches zur Objektseite hin. Jōshū stellt dem Mönch den ganzen Geist-Bereich der Wirklichkeit vor Augen in der lebendigen Form einer Zypresse. Die Zypresse trägt in diesem Augenblick das ganze Gewicht des Geist-Bereiches. Sie erwächst, indem Jōshū auf sie weist, aus den Tiefen des Nichts und verwirklicht in diesem Moment das unendlich Seiende.

Unser eigentlicher Geist hat keinen eigenen oder bestimmten Aspekt. Er offenbart sich den Dingen entsprechend. Die Wahrheit hat kein eigenes Wesen. Die Weisheit hat kein bestimmtes Wissen. Schmecke, höre, fühle, rieche und sieh' einfach. In jedem einzelnen Ding ist es völlig nackt und offenbar.

Meister Baso (Wildenten-Kōan) stellt ›das Ganze‹ in Form des Menschen dar. Hier erscheint das Subjekt als Meister der Wirklichkeit, der absoluten Selbstheit. Meister Jōshū (Zypressen-Kōan) stellt ›das Ganze‹ in Form der Zypresse dar. Hier erscheint das Objekt als Meister der Wirklichkeit, der absoluten Selbstheit.

Aus einer solchen Erfahrung ergibt sich für uns Zen-Übende Hochachtung vor jedem Menschen, jedem Tier, jeder Pflanze und jedem Ding, weil jedes

Krümelchen, jeder Tropfen, die ganze Wirklichkeit ist. Deshalb sagen wir auch im Gokanmon, den 5 Ermahnungen als Tischspruch vor dem Essen: »Sieh' dich vor, daß du nicht zerstreut oder geizig bist«, um kein bißchen Speise und keinen Tropfen Wasser zu töten.

Im Zen verneinen wir ausdrücklich ein ›metaphysisches Etwas‹ hinter jeglicher Phänomenalität. Im Gegenteil! Zen ›verabsolutiert‹ die Phänomenalität selbst. Die Zypresse ist jetzt und hier das Absolute. Das Absolute hat in diesem Augenblick keinen anderen Ort, um sich zu offenbaren.

BITTE NUR
MIT PORTO
für
Postkarte

Werner Kristkeitz Verlag
Kundenbetreuung
Löbingsgasse 17

69121 Heidelberg

Die Wirklichkeit in der Zen-Erfahrung

Heute ist der 4. Tag im Rōhatsu, dem letzten unserer fünf großen Sesshin dieses Jahres. Es ist nicht einfach, Rōhatsu zu sitzen. Für Anfänger und Fortgeschrittene trifft das gleichermaßen zu. Der Anfänger plagt sich mit seinem Körper, der Fortgeschrittene sucht nach der Lösung seines Kōan und stellt fest, daß er noch gar nicht fortgeschritten ist.

Beide sitzen in der Zendō, dem gemeinsamen Übungsraum, und ihr scheinbar unterschiedliches Bemühen entspringt dem gleichen ›Shin‹, dem einen Geist. Sesshin üben heißt, ein Herz, ein Geist werden, um aus diesem Geist heraus die Wirklichkeit zu sehen, in Erfahrung zu bringen.

Der Anfänger erlebt das Wirken seines Körpers und der sogenannte Fortgeschrittene das Wirken seines Geistes. Beim ersten aktualisiert sich die Wirklichkeit, der gesamte Geistbereich, im Körpergeschehen. Beim zweiten aktualisiert sich die Wirklichkeit, der gesamte Geist, in seinem bewußten oder vielleicht schon un-bewußten Bereich. Die ganze Zendō, also wir alle zusammen, sind Körper-Geist-Einheit. Welche Wirklichkeits- oder Geistzustände erfahrbar sind, möchte ich euch jetzt nahebringen.

Wenn ich sage: »Ich sehe das«, so stellt das einen Zustand der Wirklichkeit dar. Verschieden betont kann es heißen: »*Ich* sehe das« oder »Ich sehe *das*«. Der gesamte Geist-Bereich, die ungeteilte Wirklichkeit, bleibt immer erhalten, egal wo die Energie sich gerade befindet, ob im *Ich* oder im *das*.

Folgende 4 Wirklichkeits- oder Geistzustände versuche ich meine Schüler nacherleben zu lassen und überprüfe mit dazugehörigen Kōan wahres Wirklichkeitsverständnis:

Erstens: Im Zustand der un-bedingten Wirklichkeit, im Ursprung, gibt es überhaupt nichts, da ist Leerheit (engl. no-thing), da existiert nicht etwas Ich-Bestimmtes. Alles ist so, wie es ist. Dazu frage ich: »*Was* ist Buddha?« und fordere dazu auf: »Erlebe den Ursprungspunkt! Werde zum Ursprungspunkt! Sei vollständig leer und still! Ohne Ich ist alles Wirklichkeit. Höre nur, sieh' nur, tue nur, rieche nur, fühle nur, denke nur!«

Das Kōan, welches ich dazu gebe, lautet:

»Zeige mir deine Buddha-Natur
beim Hören dieses Tones,
beim Betrachten dieser Blume,
beim Betrachten des vollen, runden Mondes,
beim Beobachten eines Schmetterlings,
der von Blüte zu Blüte fliegt«, und vieles mehr.

Zweitens: Wie zeigt sich der Ursprungspunkt im Einswerden damit? Bei diesem Geistzustand befindet sich die Energie im subjektiven Geist-Bereich. Alles hat Buddha-Natur, und sie zeigt sich jetzt und hier undifferenziert. Dazu frage ich: »*Wer* ist Buddha?« und sage: »Erlebe den Ursprungspunkt in deiner Subjekt-Funktion! Erlebe dich völlig undifferenziert! Zeige Leerheit durch dich selbst.« Das Kōan, welches ich dazu gebe, ist das Kōan von Hyakujō und der Wildente.

Drittens: Wie zeigt sich der Ursprungspunkt von selbst? Die Energie befindet sich bei diesem Geistzustand im objektiven Geist-Bereich. Alles ist, wie es ist. Die Dinge sind so, wie sie sich zeigen. Dazu frage ich:

»*Wo* ist Buddha?« und füge hinzu: »Erlebe den Ursprungspunkt in deiner Objekt-Funktion! Laß' die Leerheit sich selbst zeigen! Erlebe die Leerheit eines Dinges an sich!« Mein Kōan dazu ist: Jōshū und die Zypresse im Vorgarten (37. Kōan aus dem Mumon-Kan).

Viertens: Die Wirklichkeit ist in Harmonie, im ursprünglichen Zustand der Stille. Subjekt und Objekt haben den entsprechenden Platz in der Wirklichkeit. Gerade wie es jetzt und hier ist, so ist es richtig. Ich frage jetzt: »*Wie* ist Buddha?« und fordere unmittelbar auf: »Erlebe den Ursprungspunkt ganz frei in diesem Augenblick! Erlebe die konkrete Funktion des Ursprungspunktes zu diesem Zeitpunkt, an diesem Ort!« Mein schweres, leichtes Kōan dazu: Wie alt ist Kannon-Bosatsu?

Könnt ihr mir folgen? Es ist wirklich nicht so einfach, immer klarbewußt zu sein. Jetzt versteht ihr meine häufigen Wiederholungen. Sie entbinden euch keineswegs von einer persönlichen, sich immer mehr vertiefenden Beschäftigung damit. Geht nicht selbstmitleidig mit euch um. Fordert euch uneingeschränkt. Bemüht euch ohne Unterlaß. Ich wünsche euch eine schlaflose Nacht.

Meister Rinzais Verständnis vom Menschen

In uns Menschen ist der vollständige Geistbereich anwesend, ist die ungeteilte Wirklichkeit immer vorhanden. Die Dynamik der Wirklichkeit kann nur durch uns, den individuellen Menschen, gezeigt werden, indem sich unser Bewußtsein wandelt, indem es unbedingt, entgrenzt und undifferenziert wird. Wir sind der Ort, an dem sich das ganze Universum in diesem Augenblick zeigt.

Im Zen verwandelt sich der Mensch in einen Menschen ohne Rang und Namen. Dazu sagt Meister Hakuin in seinem Chorgesang: »... der nimmt an als Gestalt die Gestalt des Gestaltlosen, und der nimmt an als sein Denken das Denken des Nicht-Denkens.«

Der wahre Mensch ohne Rang und Namen kann sich zeigen:

empirisch	als	*Ich sehe das,*
subjektiv	als	*Ich* sehe das,
objektiv	als	ich sehe *das*
frei	als	ich *sehe* das.

In ein und derselben Person befinden sich der Mensch als

A = empirisches Ich und
B = über-sinnliches Selbst.

B kann sich ohne A nicht zeigen.

Ein wahrer Zen-Mensch ist Daseins-Mensch und Seins-Mensch zugleich. Die universelle Person handelt mit den Gliedern der individuellen Person. Im Zen-Verständnis ist der wahre Mensch die sinnliche und über-sinnliche Person in absoluter Einheit vor der

Zweiteilung in sinnlich und über-sinnlich. Erst wenn wir wieder eins geworden sind, wenn wir durch und durch wir selbst sind, wird sich die Wirklichkeit in ihrer unberührten Ursprünglichkeit deutlich zeigen.

In einem Dialog zwischen Meister Rinzai und einem Mönch zeigt es sich uns so:

Rinzai: »Über der platzraubenden Masse eures rötlichen Fleisches (physischer Körper) gibt es einen wahren Menschen ohne Rang und Namen. Er kommt und geht ständig durch die Tore eures Gesichtes (Sinnesorgane). Falls ihr ihm noch nicht begegnet seid, so faßt ihn, faßt ihn hier und jetzt (zeige mir die Wirklichkeit).«

Mönch: »Was für ein Gefährte (Objekt) ist dieser wahre Mensch?«

Rinzai packt den Mönch (Subjekt) und schreit ihn an: »Sag' mir, sag' mir!«

Mönch: zögert (denkt) einen Augenblick.

Rinzai: »Ach, was für eine unnütze Fußmatte dein wahrer Mensch ohne Rang und Namen doch ist.«

Denken trennt alles dualistisch auf und führt zur Objektivierung. Wird der wahre Mensch als ›Objekt‹ dargestellt, dann ist er nichts weiter als jedes andere Objekt auch, also unlebendig, eben so gerade wie eine Fußmatte.

Wenn diskursives Denken losgelassen wird

Bodhidharmas unmittelbares Auf-den-Grund-Zeigen, das Erlangen der Buddhaschaft durch Sehen in die eigene Natur, sind Hinweise für uns Zen-Übende, den Weg geradeaushin zu gehen. Unsere Buddha-Natur ist unsere ursprüngliche Undifferenziertheit vor der Zwei-Teilung in Ich-Mensch und objektive Welt.

Überlegen oder Denken impliziert immer das Ich, welches sich eines Etwas bewußt wird. Seine Grundstruktur ist das ›Wissen um‹. Denkendes Ich und gedachtes Objekt stehen sich dualistisch gegenüber.

Zen will reines Bewußtsein verwirklichen und nicht das ›Wissen um‹. Dieses reine Bewußtsein ist nicht unser alltägliches Bewußtsein, sondern vielmehr die ganze Welt des So-Seins, die sich durch uns ihrer selbst bewußt wird. Wir Menschen sind Wirkung. Wir fragen uns nach unserer Ursache und finden Ursache, die zugleich Wirkung ist, in uns selbst. Unser Bewußtsein beinhaltet die Fähigkeit, seine Ursache vermittels dieser Person hier in diesem Augenblick zu erleben.

Unsere Aufgabe im Zen besteht darin, gründlich und gegenwärtig zu werden. Unser Geist soll lebendig und nicht durch Begriffe festgelegt werden. Konkret soll er sein und nicht esoterisch abhebend den Boden der Wirklichkeit verlassen. Unter Konzentration verstehen wir die nie abreißende Bezogenheit auf das Ganze. Zen verlangt keine Reinigung des Geistes von ›sündigen Gedanken‹.

Im Zazen lassen wir das diskursive Denken los, egal ob der Gegenstand des Denkens ›sündhaft‹ oder ›hei-

lig‹ ist. Worte, Begriffe und Bilder sind für das Verstehen unseres Lebens nutzlos, da sie als Fixierungen oder Wesenheiten die ununterbrochene Veränderung des Seins nicht erfahren lassen, sondern eher zudekken.

Glaube ist Abstraktion. Erfahrung ist Teilnahme, Bewußtwerdung unseres Einbezogenseins. So ist und bleibt das Entscheidende im Zen das Zazen. Im stillen, gedankenfreien, aufrechten Sitzen beginnen Einbildungen und Wertungen abzufallen. Langsam, durch immer neues Zazen, durch ständiges Bemühen entdecken wir immer klarer, daß jedes Tun, jede Form, jeder Gedanke aus der Leerheit eines absoluten Subjekts, einer unbedingten Erkenntnisfähigkeit in uns, entspringen.

So rief uns Shākyamuni vor seinem Eingehen in die endgültige Verwandlung zu: »Die Erkenntnisse, die ich euch gezeigt habe, sind nach meinem Dahingehen eurer Führer. Vergänglich sind alle Gestaltungen, strebet ohne Unterlaß.«

Unser Zen-Weg ist das persönliche Überprüfen und Nacherleben all dessen, was uns Shākyamuni Buddha vorgelebt und gezeigt hat. Glaubt nicht daran, tut es! Übt Zazen ohne Unterlaß im Sitzen, Stehen, Gehen und Liegen! Findet euch selbst und stellt euch damit zur Verfügung.

Das Denken des Nicht-Denkens

Mit dem Loslassen unseres diskursiven Denkens sind nicht gemeint: Geist-losigkeit als ein Sich-fallen-Lassen in einen Glauben, Stumpfheit im Sinne von Untätigkeit, Trance und Bewußtseinsmanipulation mit Hilfe von Drogen oder esoterischen Ritualen und theistische Introversion als passives Hoffen auf ein Gerettetwerden.

Gemeint ist unsere eigene, aktive Verwirklichung, wobei wir mit aktiv die Beseitigung von Hindernissen verstehen, welche uns daran hindern, aufmerksam und achtsam die ursprüngliche Unbedingtheit eines reinen Geistes zu erleben. Achtsamkeit ist ein Zustand, in dem unser Geist aufhört, sich durch alltägliche Bedingungen lenken zu lassen. Klare Bewußtheit ist für uns nicht eine auf etwas Besonderes gelenkte Bewußtheit, sondern einfach nur da sein, gegenwärtig sein, bereit sein für das So-Sein.

Mit Denken im un-bewußten Bereich des Geistes meinen wir das Aufgeben des Denkens auf der Ebene von Vorstellungen, Begriffen und Glaubensinhalten. Die Methode des Zazen besteht darin, uns Menschen in die existentiellen Tiefen unseres wahren Selbst sinken zu lassen. Unsere konkrete Frage dazu lautet: Wer kommt wo an?

Wir tauchen ein in den Seinsgrund, der nicht mehr vom Fluß der Gedanken erfaßt wird, und werden so selbst zum Sein, hören auf etwas Bestimmtes zu sein. Der neue Mensch ohne Rang und Namen kann das empirische, sinnliche Bewußtsein – wenigstens für eine gewisse Dauer – verlassen. Auf der Ebene unserer Zen- Erfahrung erkennen wir kein *Ich* als subjektives, unabhängiges Wesen und auch kein *Es* als objektives, unabhängiges Wesen. Sein artikuliert sich durch uns Menschen in der uns eigenen Seinsweise und durch die Dinge in der ihnen eigenen Seinsweise. Übrig bleibt nur ›ist‹, das Sein in seiner Ganzheit. Das Denken des Nicht-Denkens, wie es uns Meister Hakuin in seinem Chorgesang sagt, ist unser bewußtes Tun, geführt in Entsprechung mit dem Sein.

Über Rokuso Enō, den 33. Patriarchen des Zen

Den ersten Tag unseres Dai-Sesshin laßt mich beginnen mit einer kurzen Biographie von Meister Enō, einem chinesischen Patriarchen des Zen. Auf unserer Ahnentafel im Zendō-Vorraum könnt ihr unseren Zen-Stammbaum betrachten. Er läßt vier Abschnitte erkennen, was gleichbedeutend ist mit dem Weg des Zen, ausgehend von Indien über China und Japan bis hierher nach Deutschland.

Um euch in der großen Zen-Familie zurechtzufinden, müßt ihr markante Vorfahren kennenlernen. Beschäftigt euch deshalb mit dem Leben bekannt gewordener Zen-Meister. Es ist hilfreich zu erfahren, wie sie gelebt, geübt und Erleuchtung gefunden haben.

Zur Prüfung eines Jikijitsu in unserer Zen-Gemeinschaft gehört auch die geschichtliche Entwicklung des Zen. Der Jikijitsu muß lernen, sich in die Lebens- und Übungsweise derer einzufühlen, die den ›Weg der Befreiung‹ vor uns beschritten haben. In einem Vorgang der ›Exkulturation‹ befreit sich der auszubildende Jikijitsu aus der Zwanghaftigkeit nur seines Kulturverständnisses und beginnt dadurch die universale, kultur- und zeitlose Wirksamkeit des Buddha-Weges, unseres Zen-Weges, zu begreifen.

Diesmal geht es also um Meister Enō, jap., oder Hui-neng, chin., oder Wei-lang, wie er im südl.-chin. Dialekt genannt wird. Er lebte von 638 bis 713.

Sein Vater, geboren in Fan-yang, war ein Beamter. Dieser wurde nach Kwantung verbannt (Grund unbekannt) und lebte in Sun-chow. Hier wurde Hui-neng geboren. Als der Vater starb, war Hui-neng noch sehr jung. Die Mutter, völlig verarmt, zog nach Kwang-chow (Kanton).

Als Hui-neng im Kindesalter Brennholz auf dem Markt verkaufte, traf er einen Mann, der ein Sūtra rezitierte. Beim Hören dieses Sūtra wurde Hui-neng erleuchtet. Es war das Diamant-Sūtra (Vajrakkhedika). Der Mann hatte es im Tung-Tsan-Kloster gelernt. Der Abt dort, Hung-jen, chin., Gunin, jap. (601-674), der 5. Patriarch des Zen in der chinesischen Fortsetzungslinie, belehrte Mönche und Laien über dieses Sūtra.

Hui-neng versorgte seine Mutter mit dem Notdürftigsten und begab sich zu diesem Kloster des 5. Patriarchen. Nach 30 Tagen kam er im Kloster an und ging zum Abt, um ihm seine Verehrung zu erweisen:

»Ich stamme aus Sun-chow und reiste hierher, um Sie zu sehen, und verlange nichts anderes als Buddhaschaft zu erlangen.«

Der 5. Patriarch sagt: »Du gehörst zum einfachen Volk, wie kannst du dann hoffen, ein Buddha zu werden?«

Hui-neng antwortet: »Ein primitiver Mensch aus dem einfachen Volk ist wohl physisch von Euer Heiligkeit verschieden, doch gibt es keinen Unterschied in unserer Buddha-Natur.«

Der 5. Patriarch sagt: »Dieser Bursche ist allzu vorlaut«, und teilt ihm dem arbeitenden Volk zu. Ein Laienbruder läßt ihn Holz spalten und Reis schälen.

Nach 8 Monaten begegnet Hui-neng dem 5. Patriarchen zufällig, und dieser sagt:

»Ich weiß, daß du über gutes buddhistisches Wissen verfügst, doch ich muß vermeiden, mit dir zu sprechen,

da üble Gesellen dir schaden könnten. Verstehst du?«

Hui-neng erwidert: »Ja, Herr. Ich werde mich Ihrer Halle nicht nähern.«

Eines Tages versammelt der 5. Patriarch alle seine Schüler und sagt:

»Die Frage der ununterbrochenen Wiedergeburt ist eine sehr wichtige, in der Tat. Tag für Tag, anstatt zu versuchen, euch aus diesem bitteren Meer von Leben und Tod zu befreien, scheint ihr euch nur um weltliche Verdienste zu kümmern. Verdienste nützen nichts, wenn eine Geistessenz verfinstert ist. Geht und forscht nach Prajñā in eurem eigenen Geist und schreibt mir eine Stanze auf. Derjenige, der am klarsten erfaßt hat, was Geistessenz ist, wird mein Gewand und meine Schale erhalten und ich werde ihn zum 6. Patriarchen machen.«

Gegenüber der Halle des Patriarchen befinden sich Gänge mit leeren Wänden. Shen-hsiu, chin., Jinshū, jap., der am fortgeschrittenste Schüler des 5. Patriarchen, denkt:

»Vielleicht ist es am besten, die Stanze auf die Wand eines Ganges zu schreiben und zu warten, bis der Patriarch sie sieht. Wenn er zustimmt, werde ich vortreten, um ihm meine Verehrung zu bezeugen.«

Um Mitternacht kommt er heimlich mit einer Lampe, um seine Stanze an die Wand des südlichen Ganges zu schreiben. Sie lautet:

»Dieser Leib ist der Bodhi-Baum.
Der Geist ist wie ein klarer Spiegel auf diesem Gestell.
Achte darauf, ihn immer rein zu erhalten,
und laß keinen Staub sich auf ihm sammeln.«

Zwei Tage später ereignet es sich, daß ein junger Mann die Stanze von Shen-hsui aufsagt, als er bei Hui-neng, der Reis schält, vorbeigeht. Dieser sagt:

»Ich war noch nie im Gang vor der Halle des Patriarchen. Bitte führe mich dorthin, um Gelegenheit zu haben, ihr (der Stanze) meine Verehrung zu bezeugen.«

Der junge Mann führt ihn dorthin. Als Hui-neng die Stanze vorgelesen bekommt, sagt er:

»Auch ich habe mir eine Stanze ausgedacht. Bitte schreibe sie für mich an die Wand, da ich des Schreibens nicht kundig bin.« Der junge Mann schreibt also:

»Im Grund ist Bodhi gar kein Baum,
noch ist der klare Spiegel ein Gestell.
Da alles Leere ist von Anbeginn,
wie heftete sich Staub denn hin?«

Der 5. Patriarch erkennt, als er dies liest, daß der Schüler die Geistessenz verwirklicht hat. Er läßt ihn ausfindig machen, um Mitternacht zu sich kommen und sagt:

»Für denjenigen, der seinen eigenen Geist nicht kennt, hat es keinen Zweck, den Buddhismus zu erlernen, und andererseits, wenn er seinen eigenen Geist kennt und seine eigene Natur intuitiv erfaßt, so ist er ein Lehrer der Götter und Menschen, ein Buddha!«

So wird Hui-neng, ohne Wissen von irgend jemand, um Mitternacht der Dharma übertragen. Hui-neng wird zum Erben des Gewandes und der Schale des 5. chinesischen Patriarchen.

Auf ihn, den nun 6. chinesischen Patriarchen, der zugleich der 33. Patriarch nach Shākyamuni Buddha ist, geht die ›Lehre der blitzartigen Erleuchtung‹ zurück.

Das Zeigen der blitzartigen Erleuchtung

Das Zeigen des ›Honrai-Mu-Ichi-Motsu‹ (jap., ›von Anbeginn existiert kein einziges Ding‹) stammt von Hui-neng.

Um dieses zu verstehen, bedürfen wir der Einsichtnahme in die Leerheit (Sunyatā) allen Seins. Es ist daher eure Aufgabe, die Selbst-Natur, eure Buddha-Natur, kennenzulernen. Nehmt Einsicht in die Natur eures Geistes. Dies ist gleichzeitig die Einsicht in das innerste Sein der Dinge.

Diese Einsicht, dieses Schauen, ist kein Nachdenken über einen Gegenstand und auch kein Zuschauen.

Dieses Schauen, welches ich meine, verschmilzt euch, den Betrachter, mit dem betrachteten Gegenstand. Es geschieht in der Weise, daß nicht eine bloße Identifikation stattfindet, sondern so, daß ihr Betrachter euch der Wirkungsweise des Betrachtens, des reinen Wahrnehmens, bewußt werdet.

Rein bedeutet hier leer. Leerheit ist die Verneinung aller Eigenschaften, ein Zustand vollkommener Inhaltslosigkeit. Das ist die Erfahrung, die jeder Zen-Mensch machen muß, ehe er zur Erkenntnis seines Geistes finden kann. Das Schauen, das Betrachten, ist die Folge davon, daß der Geist nichts hat, worauf er gründen kann.

Hui-neng sagt: »Wenn ihr ruhig, mit entleertem Geist dasitzt, bedeutet dies das Versinken im völligen Nichts.« Das ist Zazen, welches nicht Meditation oder Kontemplation ist.

Aus diesem Grund sind wir, wenn wir an der Lee-

re festhalten, gebunden an die Leerheit. Das ist noch keine Freiheit. Da ist noch Gebundensein. Man kann daher sagen, daß Zen darin besteht, uns von jeder Art der Bindung zu befreien.

Ein Mönch fragt einen Meister: »Welche Übung empfehlt ihr, damit man Einsicht in die eigene Selbst-Natur gewinnt?«

Der Meister: »Vor allem ist es notwendig, sich in Zazen zu üben, indem man mit verschränkten Beinen ruhig dasitzt. Erst wenn man diese Übung völlig beherrscht, erwächst daraus Prajñā. Mit dieser Prajñā wird Einsicht in die Selbst-Natur gewonnen.«

Der Mönch: »Ist das nicht eine nach einem besonderen Plan ausgeführte Übung, wenn man so Zazen übt?«

Der Meister: »Ja, das ist es.« (Ja, das ist Zen, der lebendige Weg des Buddha.)

Der Mönch: »In dem Fall ist dieser besondere Plan das Werk des begrenzten Bewußtseins; wie könnte das zur Einsicht in die eigene Selbst-Natur führen?«

Der Meister: »Für diese Einsicht müssen wir uns in der Methode des Zazen (Dhyāna, skr.) üben; wie könnten wir anders als durch diese Übung jemals zur Einsicht in die eigene Selbst-Natur gelangen? Was ich meine, ist dies: Wenn einem das Zazen gelingt, ergibt sich eine innere und äußere Erleuchtung von selbst, und man schaut die Reinheit, die Leere. Wenn der eigene Geist leer ist, weißt du, daß du die Einsicht in die eigene Selbst-Natur besitzt.«

Solange dein Sehen darin besteht, ›etwas‹ zu sehen, ist es bedingt (ist es Bezugnahme auf ›etwas‹, ist es Meditation oder Kontemplation). Erst wenn dein Sehen ein Nicht-Sehen ist, wenn dein Sehen keine bestimmte Einsicht in einen definierten Bewußtseinszustand ist, dann siehst du wirklich. Wenn Sehen ein Nicht-Sehen, wenn aus ›Ich sehe‹ ein ›nicht-Ich-sehe‹ wird, dann erlebst du wirkliches, wirkendes, wahres Sehen (dann übst du Zazen).

Vom Schauen in den Geist

Prajñā ist die Kraft des Eindringens in den eigenen Geist, wie auch die dadurch erfaßte Wahrheit selbst.

Prajñā ist Teil einer methodischen Übung des Zen, die in 3 Abschnitten geübt werden kann:

Übung der Zendōregeln – Shila, skr.
Übung des Zazen – Dhyāna, skr.
Übung der Weisheit – Prajñā, skr.

Hui-neng sagt: »Dhyāna bedeutet, dem Geist nicht verhaftet zu sein, bedeutet der Leere nicht verhaftet zu sein, bedeutet nicht unbeweglich zu sein. Dhyāna bedeutet, daß man einmal nicht in allem gehemmt ist, bedeutet, daß man andererseits nicht alles dualisieren muß.«

Zazen üben bedeutet frei zu werden. Der berühmte Ausspruch von Hui-neng lautet: »Die Wahrheit wird durch den Geist begriffen und nicht durch ›Sitzen in Meditation‹. Sehen, daß alle Dinge leer sind, bedeutet die Übung des Zazen.«

Und weiter sagt Hui-neng: »Die Buddha-Natur kennt weder Abnahme noch Zunahme, sei es nun im Buddha oder im gewöhnlichen Sterblichen. Ist sie in den Leidenschaften, so wird sie nicht befleckt. Wird über sie meditiert, so wird sie dadurch nicht reiner.«

Deshalb bestand Hui-neng auf der Identität von Dhyāna und Prajñā, von Zazen und Weisheit. Einseitiges Zazen neigt zur Erstarrung und Tod, einseitiges Prajñā zur Lösung aus der Körper-Geist-Einheit, zu abstrakter Philosophie, zu esoterischem Phantasieren.

Im Wirken des Zazen sind Prajñā und Sunyatā eng verbunden.

Sie bilden begrifflich gesehen die beiden wichtigsten Hauptlehren des Mahāyāna. Prajñā ist sowohl die Erkenntnis, die sich mit Objekten des Bewußtseins befaßt, als auch die Erkenntnis, die sich mit dem Nicht-Bewußtsein befaßt und bis zum Grund aller Dinge vordringt.

Shin (jap.) oder Geist oder Buddha-Natur oder Selbst-Natur oder das Nicht-Bewußte ist dasjenige, was bleibt, wenn bei einem Gegenstand alles Zufällige und Zugedachte entfällt. Shin ist kein Etwas, aber ohne dessen Vorhandensein ist auch keine Existenz möglich. Man kann Shin auch ›lebendiges Herz‹, ›Lebenskraft‹ oder ›Herz-Geist‹ nennen.

Shin wird von Hui-neng so bestimmt: »Shin ist das Land, und Shin ist der Herr. Der Herr regiert sein Land, da ist Shin und da ist der Herr. Shin stirbt, und der Herr ist nicht mehr da. Shin lebt, und Körper und Bewußtsein leben. Shin ist nicht da, und Körper und Bewußtsein sind zerstört. Der Buddha muß im Inneren des Shin Gestalt gewinnen und darf nicht außerhalb des Körpers gesucht werden.«

Was Hui-neng damit meint, laßt mich so erklären: »Shin, der Geist, ist der Körper ebenso wie das Leben des Körpers. Der Geist und der Körper funktionieren als Körper-Geist-Einheit. Der Körper lebt, weil Geist in ihm wirkt, wie es sich durch den Körper zeigt. Ist Shin nicht mehr da, dann ist alles tot. Der Körper funktioniert nicht ohne den Geist, und der fehlende Geist macht den Körper sinnlos.«

Es bedeutet aber nicht, daß Shin etwas vom Körper und Geist Abgetrenntes ist, das in sie eingeht wie beispielsweise eine Seele, um beide, also Körper und Geist, zu beleben, und das im Augenblick des Todes herausgeht. Unsere Buddha-Natur, unsere Selbst-Natur, ist also kein passives Sein, sondern aktives Bewußtwerden. Wir können sagen, daß Selbst-Natur in dem Augenblick da ist, in dem sie sich ihrer selbst bewußt wird.

Hui-neng sagt: »In der ursprünglichen Natur an sich ist Prajñā Erkenntnis und deshalb Selbst-Erkenntnis. Die Natur spiegelt sich in sich selbst, was unaussprechliche Selbst-Erleuchtung bedeutet.«

Auf meine Weise möchte ich sagen: »Im Erkennen wirkt Sein, und Sein läßt mich erkennen.«

Während Descartes sagte: »Cogito, ergo sum« (lat.), was heißt: »Ich erkenne, also bin ich«, behauptet Zen: »Agito, ergo sum« (lat.), was heißt: »Ich handle, also bin ich.«

Im Vorgang einer Handlung, egal um welche es sich handelt, zeigt sich das Vorhandensein meiner Selbst-Natur. Meine Selbst-Natur hingegen wird im Handeln in ihrem Dasein begriffen. Mit Hui-neng wird das Wirken im Zen zur Beweismethode des Vorhandenseins der Selbst-Natur.

Wenn ich zu jemandem sage: »Sei wach« oder »Sieh' dich selbst«, so meine ich damit nicht: »Denke über deine Selbst-Natur nach!« Was ich meine, wozu ich dich auch manchmal meinen Stock spüren lasse oder wozu ich ›Katsu‹ schreie, ist, um dir bewußt werden zu lassen, daß dein Leben deine Selbst-Natur höchstpersönlich ist, die sich dir im Augenblick des Sehens, Hörens, Riechens, Fühlens, Schmeckens und auch des Denkens, wenn ungebundenes Denken da ist, ganz rein zeigt. Dein Körper ist das Tun. Ohne Tun gibt es keinen Körper.

Ein Meister sah einen Mönch täglich Zazen üben und sprach zu ihm: »Was machst Du da?« Darauf der Mönch: »Ich möchte Buddhaschaft erlangen.« Darauf hob der Meister einen Ziegelstein auf und begann ihn am Ärmel zu reiben. »Was macht Ihr da?« fragte der Mönch. »Ich möchte einen Spiegel daraus machen«, antwortete der Meister.

»Noch so viel Reiben macht keinen Spiegel aus einem Ziegelstein«, entgegnete der Mönch.

»Und wie soll aus Dir durch Sitzen ein Buddha werden?« fragte augenblicklich der Meister. »Was soll ich dann tun?« fragte der Mönch. »Es ist wie beim Lenken eines Karrens«, sagte der Meister. »Was soll der Fuhrmann tun, wenn er stehenbleibt? Soll er den Wagen peitschen oder den Ochsen?« Da schwieg der Mönch.

Hier wird ganz deutlich, daß Zazen und Prajñā untrennbar sind. Die Selbst-Natur erwacht zum Leben, wenn sie sich ihrer selbst gewahr wird und dieses Gewahrwerden geschieht durch Prajñā. Ein solches Gewahrwerden wird auch Erwachen oder Satori genannt. Satori heißt »in meinem eigenen Herzen fühlen« oder »in meinem eigenen Geist erfahren«.

Hui-neng sagt: »Dhyāna ist der Körper der Prajñā, und Prajñā ist das Wirken des Dhyāna.«

Prajñā statisch geübt ist Zazen, der ruhende Geist. Prajñā dynamisch erlebt heißt im eigenen Geist erfahren, ist das Wahrnehmen des sich bewegenden Geistes.

Ich rate euch manchmal: »Man kann nicht mit dem Mund bejahen, was das Herz verneint.«

Hui-neng erklärt: »Es ist wie bei der Lampe und ihrem Licht. Ist Lampe da, dann ist auch Licht da.

Ohne Lampe kein Licht. Die Lampe ist der Körper des Lichtes, und das Licht ist das Wirken der Lampe. Sie tragen verschiedene Bezeichnungen und sind doch eins. Mit der Beziehung zwischen Dhyāna und Prajñā verhält es sich ebenso.«

Sind Dhyāna und Prajñā ein und dasselbe, so nennen wir das Einsicht in die Buddha-Natur. Prajñā wird eins mit Dhyāna in seinen verschiedenen Tätigkeiten. Dhyāna ist reines Handeln, reines Tun, absichtsloses Tun. Dhyāna wird sozusagen da erlangt, wo kein ›Zazen mit bestimmter Absicht‹ geübt wird.

Die Sonne steht über allem Geschehen, ob sie nun Gegenstände erhellt oder nicht. Die Sonne, das erhellende Licht, die Kraft des Eindringens in die Selbst-Natur, ist Prajñā. Das Nicht-Bewußte, der ruhende Geist, ist Dhyāna. Der Bodhisattva verwendet Dhyāna und Prajñā in ihrer Einheit und erfährt dadurch Erleuchtung.

SEIN UND DASEIN ALS EINHEIT

Heute, am dritten Tag des Rōhatsu-Sesshin, ist es noch gar nicht richtig hell geworden. Vor der Zendō wird der große Gong angeschlagen. Er kündigt das Teishō an. Sōtetsu Yūzen Sensei betritt die Zendō, und die Rezitation des Hannya Shingyō beginnt. Wie immer entzündet Sensei ein Räucherstäbchen, stellt es in den Butsudan, übt Sampai, geht zu dem erhöhten Sitzplatz, von dem er Teishō hält, und übt Gasshō. Die Rezitation ist zu Ende und alle üben Gasshō-Teitō (Aneinanderlegen beider Handinnenflächen mit Verbeugung).

Stille. Sensei stößt seinen Zen-Stock auf den Boden und fragt: »Wenn du geboren wirst, woher kommst du?« Wieder stößt er seinen Zen-Stock auf den Boden: »Wenn du stirbst, wohin gehst du?« Noch einmal ein Stockstoß: »Lebst du jetzt, oder bist du tot? Das Leben gleicht einer schwebenden Wolke, die erscheint. Das Sterben gleicht einer schwebenden Wolke, die verschwindet. Die schwebende Wolke an sich existiert eigentlich nicht. Leben und Sterben, Kommen und Gehen gleichen dem auch. Aber da ist etwas, das immer klar bleibt. Es ist rein, klar und unabhängig von Leben und Tod. Was ist dieses reine, klare und unabhängige Etwas? Ist es überhaupt ein Etwas? Kannst du es finden?« fragt Sensei einen direkt vor ihm Sitzenden.

»Gelingt es dir, dann wirst du frei werden von Leben und Tod.« Sensei schaut in die Runde. Jemand hebt an zum Sprechen, da sagt ihm Sensei: »Wenn du antworten willst, dann schlage ich dich mit diesem Stock hier.« Schweigen.

»Wenn du schweigst«, fährt Sensei fort, »dann wirst du meinen Stock auch zu spüren bekommen. Was kannst du tun?« Schweigen. Mitten hinein in dieses Schweigen stößt Sensei einen Schrei. »Wenn alle Wolken verschwinden«, sagt Sensei nach einer Weile, »dann scheint die Sonne überall.«

Wir Menschen lernen im reinen, umfassenden, nicht intellektbegrenzten Erkennen und Tun der alltäglichen Dinge des Lebens uns selbst wahrzunehmen und zu verstehen. Wir fragen uns: »Wie ist es unserem Geist möglich, von Sein zu Dasein, von Vielheit zu Einheit, von Relativität zu Leere und von der Bedingtheit zur Un-Bedingtheit zu kommen?« Mit den Worten des Zen ausgedrückt: Wie ist der Weg von Mayoi (jap., verirren, in die Irre gehen), zu Satori (jap., verstehen, die wahre Erkenntnis finden)?

Solange wir in dieser Welt als Ort der Gegensätze verhaftet sind, haben wir keine Chance, ihr zu entkommen und zur Leerheit zu gelangen, in der alle Gegensätze existenzlos geworden sind.

Bleiben wir beim Beispiel des Spiegels von Huineng. Shin, unser ursprünglicher Geist, steht in keiner Beziehung zur Zeit. Shin, der Spiegel, war in keiner früheren oder späteren Vergangenheit einmal reiner oder unbefleckter als jetzt. Seine Klarheit ist nicht etwas, was wiedererlangt werden müßte. Der Spiegel, unser Geist, hat sie nie verloren.

Ich kann es auch so sagen: »Die Buddha-Natur in uns ist immer die gleiche, egal ob sie im Unwissenden oder im Wissenden (Weisen) existiert. Das Finden wahrer Erkenntnis ist kein Gehen von Mayoi zu Satori, denn es gibt kein Satori, von dem wir sagen könnten, wir hätten es erreicht.«

Hui-neng zeigt uns, daß die Bewegung von Mayoi zu Satori ein plötzlicher Vorgang ist, ein Vorgang in uns, der einem Sprung gleicht. Einsicht in die Selbst-Natur zu nehmen heißt, das logische Denken plötzlich zu überwinden und zu dem, was wir bisher als unlogisch abgrenzten, einen Zugang zu finden. Unser bewußter Geist wandelt sich zum nicht-bewußten Geist und empfindet alles, was ihm aus der Welt des Nicht-Bewußten begegnet, als völlig natürlich.

In uns selbst ist ursprünglicher Geist, und dadurch erleben wir Satori. ›Ich‹ bin nicht derjenige, der Satori macht oder erlangt, sondern ich bin der Ort, an dem Satori sich ereignet. Hinzufügen möchte ich, daß selbst der Ort nichts Statisches ist, sondern, wie wir erfahren lernen, ein Geschehen, ein Prozeß, ein Ereignis, das aus der Unendlichkeit auftaucht und wieder in sie eintaucht.

Dieses unser Leben,
Wem kann ich es vergleichen?
Dem Spiegelbild
Des Mondes in einem Tropfen Tau
Glitzernd am Schnabel der wilden Ente.
Dōgen Kigen (1200-1253)

Findet durch das Wirken von Prajñā Erleuchtung statt, so entsteht eine Transparenz, ein grenzenloses Durchdringen, das alles einschließt. Alle äußeren Erscheinungen werden bis auf den Grund durchschaubar. Alles Innere, alles vorher Nicht-Bewußte ebenso. Der Grund von allem wird als leer wahrgenommen.

Im Augenblick dieses Erlebens wissen wir ganz allein, welcher Art unser ursprünglicher Geist ist. Wir erleben vollkommene Freiheit, sind entgrenzt, sind dorthin zurückgekehrt, wo wir eigentlich nie weggegangen sind.

Wird Prajñā wirksam, so erkennst du alles als an sich leer. Dies geschieht nicht als letzter Schritt einer Folge von Schritten. Dies geschieht, wenn alles Üben, Planen, Lernen aufgegeben wird, wenn kein Wollen mehr da ist. Es kann also auch ganz plötzlich, ganz unvorbereitet geschehen.

Die Prajñā-Kraft ist eine andere als die Kraft des Denkens, welche unserem Alltagsleben zugrundeliegt. Prajñā besteht in einem restlosen Loslassen von allem, was uns lieb und un-lieb erscheint. Aber gerade in diesem Loslassen begreifen wir den ganzen Sinn unseres Lebens und verstehen alles.

Prajñā, die Spiegel-Natur der Leerheit, spiegelt das, was allem ursächlich zugrunde liegt, aber selbst durch nichts bedingt wird. Räumlich wird es als ›gestaltlos‹ bezeichnet, zeitlich als ›endlos‹. Zusammen ist es das Nicht-Bewußte.

Nach Hui-neng bildet das Nicht-Bewußte die Grundlage des Zen. Er sagt: »Mit ›gestaltlos‹ ist gemeint, eine Gestalt zu haben und doch von ihr losgelöst zu sein. Mit ›endlos‹ ist gemeint, eine Dauer zu haben und doch von ihr losgelöst zu sein, was die ursprüngliche Natur des Menschen ist. Mit dem Nicht-Bewußten ist gemeint, Gedanken zu entwickeln und sie trotzdem nicht zu halten.

Was, Ihr Freunde, sollte ›Mu‹ (das Nicht-Bewußte) verneinen? ›Mu‹ bedeutet die Vereinigung der Vorstellung von zwei Gestalten (Dualismus wie gut und böse) und die Befreiung von einem Geist, der sich um Dinge sorgt (der alles verwesentlicht) ›Nen‹ (in Verbindung mit ›Mu‹) ist der Gedanke (Mu-nen = Nicht-Gedanke), der sich der Natur des So-Seins (Tathatā) bewußt (nicht bewußt) wird. Das So-Sein ist der Träger des Bewußtseins wie des Nicht-Bewußtseins. Das Bewußtwerden wie auch das Nicht-Bewußtsein sind die Tätigkeit des So-Seins.«

Unser Geist, unsere Selbst-Natur, unsere Buddha-Natur, ist leeres So-Sein, ist Sunyatā und Tathatā. Leere (Sunyatā) ist jenseits unserer bewußten Wahrnehmungsfähigkeit. Leere ist außerhalb von Dasein und Sein.

Prajñā läßt uns unseren Geist, unsere Selbst-Natur, die Leere, das So-Sein begreifen. Dieses Begreifen muß ein Nicht-Begreifen sein und ereignet sich durch Nicht-Unterscheiden. Ein derartiges Ereignis ist ein plötzliches Geschehen, das wir erleben. So wird das Nicht-Bewußte, das aus der Selbst-Natur hervorgeht, von uns erfaßt.

Die Selbst-Natur spiegelt sich kraft der Prajñā in unserem Bewußtsein, und wir werden uns unserer Selbst-Natur bewußt. Deshalb sage ich: »Werde wach! Erkenne Dich selbst!«

Seki Yūhō Rōshi, mein Meister, sagte mir: »Einsicht in das Nicht-Bewußte zu gewinnen heißt, dich selbst zu verstehen. Dich selbst zu verstehen heißt, nichts zu ergreifen. Nichts zu ergreifen ist das Dhyāna von Shāka-sama (Shākyamuni Buddha).«

Laßt es mich euch so weitergeben: »Einsicht in uns selbst zu nehmen heißt, unseren Geist zu verstehen.

Unseren Geist zu verstehen heißt, nichts zu tun. Nichts zu tun, nichts zu erledigen und nichts zu denken, das ist das Zazen eines Buddha (der wir auch sein können). Richtig Zazen üben heißt: Erwarte nichts, hoffe nichts, glaube nichts – sei nur da! Sei ganz wach!«

Nach Erfahrung von Hui-neng werden Prajñā und Dhyāna im Nicht-Bewußten identisch. Wenn nämlich eine Einsichtnahme in das Nicht-Bewußte geschieht, dann ist das kein Entwicklungsprozeß, und das Nicht-Bewußte ist sowohl vor unserer Einsichtnahme darin als auch nachher rein (leer) und unbewegt (zeitlos) und unbedingt (gegenstandslos). Wenn es also kein endliches Erreichen dieser Einsicht gibt, dann kann es auch kein Verweilen darin geben.

Seki Yūhō Rōshi sagte mir einmal: »Wenn du verstehen willst, wann dein Geist den Augenblick des Nicht-Verweilens erkennt, mußt du dich in der richtigen Zazen-Haltung hinsetzen und deinen Geist gründlich von Gedanken reinigen – von Gedanken an alles: Gedanken an Gutes, Gedanken an Böses, Gedanken an Vergangenes und Gedanken an Zukünftiges.

An nichts zu denken heißt, keine Gefühle des Hasses oder der Liebe zu erregen. Wenn Gedanken kommen und gehen, verfolge sie nicht weiter. Wenn du die vollkommen klare Erfahrung machst, daß der Geist nirgendwo und zu keiner Zeit einen Ort und eine Zeit des Verweilens besitzt, dann hast du eine vollkommen klare Erfahrung von deiner eigenen Selbst-Natur, von dir selbst. Dann bist du identisch mit dem Buddha-Geist und kannst mit Jōshū und Hyakujō am gleichen Tisch sitzen und mit ihnen Tee trinken.«

Geh' ein in das Nicht-Bewusste

Geführt vom Inji, seinem persönlichen Assistenten, betritt Sōtetsu Sensei die Zendō. Vor dem Butsudan verbrennt er Räucherpulver, übt Sampai und nimmt auf einem erhöhten Sitz zum Teishō Platz.

»Hörst du es?« fragt er – ein Vogel zwitschert vor dem offenen Zendōfenster. »Siehst du es?« fragt er – und blickt in das farbige Herbstlaub draußen. »Riechst du es?« fragt er wieder – der Geruch von verbranntem Laub weht in die Zendō.

»Nichts enthalte ich euch vor. Es gibt nichts weiter zu sagen. Sagen ist Nicht-Sagen, und Nicht-Sagen ist Sagen. Könnt ihr Lotosland wahrnehmen? Könnt ihr verstehen, daß euer Körper nichts anderes als Buddha ist? Nehmt Einsicht in den Großen Körper und sein Wirken.«

Sōtetsu Sensei hält seinen Zen-Stock hoch: »Siehst du es?« und stößt ihn aufs Pult vor sich. »Hörst du es?« und fragt weiter: »Der Stock, der Ton und euer Geist, unterscheiden sie sich, oder sind sie eins?« Sensei schaut alle an, stößt unvermittelt einen Schrei aus und sagt nach einem Augenblick des Schweigens: »Wenn es nicht so geht, dann muß ich es euch durch Worte mitteilen. Sie sind viel schwieriger zu verstehen«, und fährt fort:

»Das Nicht-Bewußte ist das Nicht-Vorhandensein eines Kernes, eines Grundes, einer Wesenheit. Mu-shin (Nicht-Geist) und Mu-nen (Nicht-Gedanke) bedeuten beide das Nicht-Bewußte oder nicht bewußt sein.

Solange du im reinen Nicht-Bewußten verharrst, gibt es kein Erwachen der Prajñā. Der Körper ist da, aber es gibt kein Wirken. Ohne Wirken gibt es keine Einsicht in die Selbst-Natur. Durch Einsichtnahme, durch den Vorgang des Blickens in die Selbst-Natur, wirst du zum Buddha, zum Erwachten.

Dieses Blicken ist kein Sehen mit den Augen des Dualismus, wie wir es gewöhnt sind. Hier gibt es Niemanden, der sieht, und kein Etwas, das gesehen wird. Wie nun, werdet ihr fragen, können wir in unserer Welt des Daseins, des Dualismus, so sehen, so Einsicht nehmen wie ein Buddha?

Nach Hui-neng wird Prajñā unerwartet und plötzlich aus der Selbst-Natur erweckt. Mit anderen Worten: Prajñā tritt plötzlich aus dem Nicht-Bewußten hervor und verläßt es doch nie. Es nie verlassen heißt, daß wir es uns nicht willentlich bewußt machen können. Im Zen heißt es: »Sehen ist Nicht-Sehen, und Nicht-Sehen ist Sehen.«

Die Selbst-Natur wird sich mittels Prajñā ihrer selbst bewußt, und in diesem Bewußtsein gibt es keine Trennung von Subjekt und Objekt. Hui-neng sagt deshalb: »Wer diese Wahrheit versteht, ist Mu-nen (ohne Gedanke), Mu-shin (ohne Geist) und ohne Haften.«

Wir wollen zwei Beispiele betrachten, wie die alten Meister sich bemühten, ihren Schülern eine Erfahrung zu vermitteln, die jenseits der Dualität und zugleich doch innerhalb derselben ist. Ihren Schülern wollten sie Sein im Dasein vermitteln. Sie sollten verstehen, daß sie diese Welt nicht verlassen müssen, wenn sie Einsicht in ihre Selbst-Natur nehmen. Die Zen-Erfahrung besteht einfach darin, mit dem Wirken der Prajñā eins zu werden.

Ein Mönch fragt den Meister: »Wer ist der Buddha?« Der Meister ruft: »Oh, Bruder.« Der Mönch antwortet: »Ja, Meister.« Worauf der Meister sagt: »Suche ihn nicht anderswo.«

Ein anderer Meister sagt: »Viele Meister haben in der Tat Einsicht in den Großen Körper, aber sie wissen nichts vom Großen Wirken.« Ein Schüler des Meisters teilt dies einem Mönch namens Yūzen mit, der einsam am Fuße eines Berges lebt und Zazen übt. Der Schüler fragt ihn: »Wie denkst du über meinen Meister?« Der Mönch sagt: »Wiederhole das bitte.« Als der Schüler dies tun will, gibt der Mönch ihm einen Fußtritt, daß er zu Boden fällt.

Der Fußtritt ist ein Tun. Dieses Tun, wie jedes Tun, ist ein Akt des Erkennens. Beide, der Fußtritt und der Akt des Erkennens, treten aus der Selbst-Natur hervor und spiegeln sie wider.

Wenn ihr einmal die Gleichheit von Treten und Erkennen als Handlung erkennt, dann werdet ihr verstehen, daß jedes Tun, jedes Wirken, ein Spiegeln der Selbst-Natur, ein Spiegeln eures Geistes ist. Das ist dynamisches Zen, so wirkt unser Rinzai-Zen. Wie verschieden die Handlungen auch sein mögen, so weisen sie doch alle, gute wie nicht gute, auf die gleichzeitige, geheime, unsichtbare Bewegung der Prajñā hin, jene Bewegung, die es zu verstehen gilt, wenn sich Einsicht in die eigene Selbst-Natur ereignet. Das ist der Sinn des Gehens unseres Weges.

Ein Mönch fragt: »Welches ist das letzte Ziel des Zen, des Buddhismus?« Der Meister erwidert: »Es ist genau dort, wo du dein Leben aufgibst.«

Gibt es überhaupt ein Ziel, eine Absicht des Zen?

Ein Mönch fragt: »Was ist der Weg?« Der Meister: »Komm' her!« Der Mönch: »Ich kann noch nicht ganz den Sinn begreifen.« Der Meister: »Geh' hinaus.«

Ein Weg wird zum Weg durch das Gehen. Es gibt da nichts zu begreifen. Geh', und du erfährst alles im Gehen selbst.

Ein anderer Mönch fragt: »Alles kehrt in die Leere zurück, doch wohin kehrt die Leere zurück?« Der Meister: »Die Stimme vermag ihr keinen Ort anzuweisen.« Der Mönch: »Weshalb nicht?«

Der Meister: »Wegen der Einheit von innen und außen.«

Alles kommt aus dem Nicht-Etwas, doch wohin geht das Nicht-Etwas selbst? Man kann es nicht sagen. Wie Nicht-Etwas auch Nicht-Stimme ist und Nicht-Stimme keinen Ort hat, woher sie kommt, so ist dem Nicht-Etwas weder Raum noch Zeit eigen.

Die Stimme und die Nicht-Stimme vereinen sich in der Selbst-Natur, im Geist, welcher der Ursprung von beiden ist. Der Geist, unsere Selbst-Natur, ist außerhalb von Bewußtsein und Nicht-Bewußtsein, so daß ein Außen und ein Innen nicht unterschieden werden können.

ZEN-MEISTER VERWIRKLICHEN DAS NICHT-BEWUSSTSEIN IM ALLTAG

Sōtetsu Sensei hat auf dem Teishō-Sitz Platz genommen. In der Zendō ist es ganz still. Nach einer Zeit des Schweigens schlägt Sensei mit dem Zen-Stock auf das Pult vor ihm und sagt: »Form ist Leerheit, Leerheit ist Form.« Ein zweites Mal schlägt Sensei mit dem Zen-Stock und sagt: »Keine Form, keine Leerheit.« Ein drittes Mal stößt Sensei seinen Zen-Stock auf das Pult und sagt: »Form ist Form, Leerheit ist Leerheit.« Stille in der Zendō. Alle Sesshin-Teilnehmer schauen auf Sensei. Da fragt Sensei: »Welche von den drei Aussagen ist die richtige? Wenn du sagst,« Sensei wendet sich an einen rechts von ihm sitzenden Zen-Übenden, »das ist richtig, dann schlage ich dich mit diesem Stock 8 mal. Warum?« Ratloses Schweigen. Da stößt Sensei unvermittelt einen Schrei aus. Erschrockenes Schweigen. Ruhig sagt Sensei: »Die Tür ist braun. Der Baum draußen ist grün. Die Decke der Zendō ist weiß. Nicht wahr, gerade so ist es doch?« Prajñā dringt in das Unbegrenzte unter Verzicht auf Erklärungen ein.

Wie sollen Zen-Meister Prajñā im Geist eines Schülers erwecken, der durch die Alltagsdualität und das Anhaften an diese in sich verstrickt ist? Eine chaotische Welt, in der das Ego regiert, hat den Schüler verwirrt und verblendet. Dies war früher so und ist auch heute so.

Völlig aussichtslos ist es deshalb, den Schüler im üblichen Sinne belehren zu wollen. So ist die wirksamste Methode die Nicht-Methode. Der Zen-Meister, der ja keinen Missionsauftrag hat, lebt so, wie er lebt. Er läßt den Schüler daran Anteil nehmen, ist mit ihm zusammen, und so erfährt der Schüler im Mittun die Andersartigkeit seines Meisters. Diese Andersartigkeit sind Ausdrucksformen oder Verhaltensweisen eines Lebens aus dem Nicht-Bewußten.

Ein Schüler fragt: »Meister, Ihr scheint jeden Tag emsig beschäftigt zu sein. Für wen geschieht es?« Der Meister: »Da ist jemand, der es wünscht.« Der Schüler: »Warum laßt Ihr es ihn nicht selbst tun?« Der Meister: »Er führt keinen eigenen Haushalt.«

Gemeint ist hier der Geist, aus dem heraus alles geschieht und dem der Meister einfach entspricht. Da unser Geist, unsere Selbst-Natur, unbestimmtes So-Sein ist, steht dahinter auch kein Wollen. Da ist niemand, der einen eigenen Haushalt zu führen hat.

Es heißt: Der Geist ist der Buddha selbst. Der Geist ist auch Alltagsgeist, und so sage ich euch: »Euer alltägliches Bewußtsein ist der Weg.« Wenn es heißt, daß der Geist der Buddha selbst sei, so ist damit keinesweg gemeint, daß eine Art Seele in den Tiefen des Bewußtseins versteckt wäre. Gemeint ist, daß ein Zustand des Nicht-Bewußtseins, der mit jedem bewußten wie auch nicht-bewußten Geschehen gekoppelt ist, Buddha-Sein zeigt.

Es sind unsere alltäglichen Tätigkeiten, die, wenn sie selbstverständlich, entsprechend und nicht-bewußt, d.h. nicht gewollt, vollzogen werden, Ausdruck der Buddha-Natur, des Buddha in uns sind.

Meister Rinzai, auf den unsere Zen-Methode zurückgeht, schrie jeden mit einem »Katsu« an, der ihn etwas fragte. Ein anderer Meister sagte: »Du bekommst

dreißig Schläge, wenn du etwas sagst. Auch wenn du nichts sagst, bekommst du dreißig Schläge.«

Zen läßt sich nicht mit Worten ausdrücken. Das »Katsu« und »der Schlag« bedeuten, daß jede Aussage über Zen sinnlos ist. Zen ist ein Weg absoluter Verneinung, die zugleich absolute Bejahung ist. Zen üben heißt, Einsicht in diese Art der Unterweisung zu erlangen.

Ein Mönch fragt: »Was ist Erleuchtung?«

Der Meister: »Streue Deinen Dreck nicht hier umher, und belästige nicht andere mit Deiner Unklarheit.«

Schon die Frage nach Erleuchtung ist wie Dreck umherstreuen. Es liegt in der Frage fast eine Art Belästigung, die die Ruhe des So-Seins, die Klarheit des Geistes stört.

Wieder fragt ein Mönch: »Wer ist der Buddha?« Der Meister: »Er ist ein alter Bikkhu aus dem Westen.« Der Mönch: »Welcher Bikkhu?« Der Meister: »Nimm diesen!« und klatscht in die Hände.

Buddha war ein Bikkhu, ein Mönch aus dem Westen, aus Indien. So war seine Erscheinung. Der Meister läßt sich nicht auf dialektisches Geschwätz ein. Auch einer näheren Differenzierung entgeht er, indem er sich selbst vorstellt – er ist ja auch Mönch. Sein ›Hände-Klatschen‹ ist Ausdruck der Buddha-Natur. So hat der Meister geantwortet, ohne sich durch die Alltagswelt bedingen zu lassen, aber auch ohne sie zu verneinen.

Zen kann in all den täglich von uns ausgeführten Handlungen begriffen werden. Das Tun, dem keine besondere Bedeutung, dem kein demonstrativer Charakter beigemessen wird, ist tuender, handelnder Buddha. Das Bellen eines Hundes, das Zwitschern eines Vogels, das Rauschen des Windes – hörst Du es? Schweig! Laß' es so, wie es ist! Jedes Wort, jeder Gedanke, zerstört die Buddha-Natur.

Wir tun uns schwer. Was aus der Ungeformtheit des Schweigens, was aus der Namenlosigkeit des Nicht-Bewußten kommt, lassen wir nicht so in unseren menschlich geeichten Bereich des Denkens und Überlegens einfließen. Für uns abendländisch geprägte Menschen bedeutet das Auflösen unseres Intellektualismus so etwas wie moralische Entartung, eine Art von Exkulturation. Moralische Bedenken sind immer nur dann im Spiel, wenn ein Intellekt über unser Leben bestimmt.

Glücklicherweise sind wir Zen-Menschen Buddhisten. Das ist keine Überheblichkeit, das ist Dankbarkeit. Dankbarkeit, dem Joch des Glaubens, Erwartens und Hoffens entronnen oder auf dem Weg davon weg zu sein. Bodhidharma sagt: »Jene Buddhisten, die sich in der Lehre von der absoluten Buddhaschaft üben, sollten ihren Geist wie ein Stück Fels werden lassen, völlig unwissend sein, ohne Wahrnehmung aller Dinge bleiben, kein Unterscheidungsvermögen besitzen, sich allem gegenüber gleichmütig verhalten und einem Idioten gleichen. Weshalb? Weil der Dharma kein Bewußtsein, keinen Verstand besitzt und weil er keine Furchtlosigkeit zum Ziel hat. Der Dharma ist die endgültige Stätte der Ruhe.«

Wenn das ›Ich‹, wie Shākyamuni Buddha erkannt hat, eine Illusion ist, muß alles, was in seinem Wirkungsbereich geschieht, ebenfalls eine Illusion sein.

Moralische Sünden, Gefühle und Wünsche, Gott und Teufel, Himmel und Hölle, alles dem Denken und Tun eines ›Ich‹ entsprungene, ist Illusion, ist nicht Wirklichkeit.

Ein Mönch sagt: »Ich fürchte mich vor der Hölle, möchte alle meine Sünden beichten und mich im Zazen üben.« Der Meister: »Wo befindet sich dieses ›Ich‹ gerade? Wie sieht es aus?« Der Mönch: »Ich weiß nicht, wo es sich befindet.« Der Meister: »Wenn du nicht weißt, wo dein ›Ich‹ sich befindet, wer kommt dann in die Hölle? Wenn du nicht weißt, wie es aussieht, ist dies nicht mehr als eine Vorstellung. Dein ›Ich‹ hat nur ein illusionäres Dasein. Gerade wegen dieser Illusion gibt es für dich die Hölle« – »und den Himmel«, laßt mich hinzufügen.

Mit der Beseitigung dieser Illusion – und das ist Zen, gelebter Buddhismus – wird die Welt mit all ihren bedingten Erscheinungen entlastet. Das, was zurückbleibt, kann in völliger Freiheit und mit Furchtlosigkeit handeln. Eine moralische Welt hört auf zu existieren. Gewinnen wir Einsicht in das Wirken der Prajñā, dann wird ›Mu-shin‹, der ›nicht-bewußte-Geist‹, erkannt. Unser Tun wird weniger von einem ›wollenden Bewußtsein‹ bedingt. Ein Zustand der ›Nicht-Bewußtheit‹ stellt sich ein. Unser Leben wandelt sich von der Absichtlichkeit zur Un-Absichtlichkeit, von der mühevollen Arbeit zum mühelosen Tun. Nicht mehr ›ich will tun‹, sondern da ist mehr und mehr nur ›Tun‹.

Wie du dir das Nicht-Bewusste bewusst machen kannst

Zen ist keine passive Methode, wie es Graf Dürckheim erklärte, sondern eine aktive. Zuerst muß der Geist (Shin, jap.), von dem wir in der Daseinswelt fast ausschließlich einseitig Gebrauch machen, aus dieser Starrheit gelöst und in Bewegung gebracht werden. Zen-Meister bewegen ihn durch Gebrauch des Paradoxen, das, lebendig und spontan benutzt, den Schüler völlig unerwartet in eine Situation bringt, die ihm die Grenzen der Logik unmittelbar vor Augen führt.

Wir sind immer zu sehr im Nachdenken versunken und beurteilen jede Erfahrung nach unseren Überlegungen darüber und den uns beigebrachten Wertmaßstäben. Immer stehen wir als Subjekt einem Objekt gegenüber und argumentieren auf der Ebene des Denkens. Zen-Meister fügen sich nicht diesem Ablauf. Für sie gibt es nicht nur eine Analyse zeitlicher und räumlicher Art. Sie haben durch persönliches Erleben gelernt, daß der Geist (Shin, jap.) sich gleichzeitig im Bewußten wie auch im Nicht-Bewußten spiegeln kann. Das versuchen sie den Schüler rückhaltlos und unmittelbar erfahren zu lassen.

Ein Mönch namens Yu-ti fragt: »Wer ist der Buddha?«

Der Meister ruft: »Oh, Yu-ti!«

Yu-ti antwortet: »Ja, Meister!«

Worauf der Meister sagt: »Suche ihn nicht anderswo.«

Ein sich selbst spiegelnder Geist (Prajñā, skr.) muß einmal in der Selbst-Natur erweckt werden. Wenn wir nicht eine solche Erfahrung machen, werden wir den Buddha in uns selbst nicht entdecken. Ein echter Zen-Meister hilft uns ›in der Tat‹, durch alle begrifflichen Ablagerungen hindurch, zu uns selbst, zu unserer Selbst-Natur, durchzudringen.

Prajñā, dieser besondere Vorgang des Erfahrens, des ›plötzlichen Sehens‹, folgt nicht den Gesetzen der Logik. Die Prajñā-Erfahrung ist nicht Folge einer Beweisführung. Wird keine Logik mehr benutzt und ist keine Willenskraft mehr vorhanden, dann wird das Spiegeln im Nicht-Bewußten möglich. Prajñā richtet sich nach einer völlig anderen Ordnung als unser tägliches Leben. Die Kraft der Prajñā ist die Kraft der Wandlung. Die von den Zen-Meistern verwendeten Methoden, die Wahrheit des Zen zu festigen und dem Fragesteller die Augen zu öffnen, sind ungewöhnlich. Sie erschüttern ganz unkonventionell den Suchenden so, daß er eine Neugeburt erfährt, sich fühlt, als sei er aus einer Totenstarre erwacht. Schläge, Fußtritte, Schreie und anderes aufrüttelndes Handeln sind ›liebevoller‹ Ausdruck, sind tief empfundenes Mitgefühl des Zen-Meisters, dem Schüler zur ›selbst erlösenden‹ Erfahrung zu verhelfen.

An fragt Fu: »Wo ist deine Nase, bevor deine Eltern dich in die Welt gesetzt haben?«

Fu erwidert: »Bruder, sprich du zuerst.«

An sagt: »Jetzt geboren! Sage du mir, wo er ist.«

Fu sagt: »Damit stimme ich nicht überein.«

An fährt fort: »Bruder, was würdest du sagen?«

Fu: »Bruder An, gib mir deinen Fächer.«

An gibt ihm den Fächer und fragt erneut: »Nun Bruder, was würdest du sagen?«

Fu schweigt und legt den Fächer hin.

An: »Was soll ich damit anfangen?«

Fu gibt ihm eine Ohrfeige.

Die Nase hier im Dialog zwischen An und Fu hat keine besondere Bedeutung. An hätte auch fragen können: »Wo warst du vor Bestehen dieser Welt, in der du jetzt lebst?« Fu bittet An zuerst zu sprechen. Fu will An sich im Sprechen jetzt und hier manifestieren lassen, um ihn verstehen zu lassen: ich spreche, also bin ich.

Aber An abstrahiert das Sein, knüpft es an Zeit und personifiziert es. An holt nur die Frage aus der Vergangenheit in die Gegenwart. Aus ›wo warst du ...‹ macht er ›wo bist du ...‹ Die Vergegenständlichung des Seins im ›wo *er* ist‹, läßt An fortbestehen. Damit ist Fu natürlich nicht einverstanden, und An fragt ihn zurück, wie er es wohl formulieren würde. Fu aber, wie wir es vernünftigerweise erwarten würden, antwortet nicht. Er verläßt das Mittel der Sprache, um An zu zeigen, daß sich das reine Sein in jeder reinen, auch noch so einfachen Handlung offenbart.

»Ich handle, also bin ich«, will Fu dem An zeigen, indem er An um die Übergabe des Fächers bittet. An tut das, ohne den tiefen Sinn seines Tuns zu verstehen, und beharrt auf der Beantwortung seiner Frage. Fu aber schweigt und legt den Fächer hin. Wieder eine Handlung, wieder eine vollkommene Offenbarung des Seins, wortlos, nur im Tun. An versteht noch immer nicht. Da wendet sich Fu ganz persönlich und nachdrücklich an ihn. In der Ohrfeige nimmt die Handlung, nimmt das Sein unmittelbar spürbare Form an. Fu gibt dem an sich gestaltlosen Sein für einen Augenblick eine ›Ohrfeigen-Gestalt‹. Ist An wohl in der Lage, die Gestalt wahrzunehmen, sie zugleich wieder loszulassen, um in der Gestaltlosigkeit danach sich des Nicht-Bewußten bewußt zu werden?

Vom relativen Standpunkt aus, in dem wir wohl alle verstrickt sind, scheinen die Fragen von An vernünftig zu sein. Werden diese Fragen von einem Meister, wie Fu wohl einer war, aufgegriffen, so verwandeln sie sich scheinbar in ein unverständliches Wortspiel oder in Irrsinnshandlungen, die dem ›gesunden Menschenverstand‹ nicht mehr zugänglich scheinen.

Beharrt der Schüler auf seinem relativen Standpunkt, so verharrt er unbeweglich im Daseins-Bewußten. Folgt der Schüler dem Meister unbedingt und dringt in den Geist ein, den der Meister bewegt, so erkennt der Schüler urplötzlich, daß der scheinbare Unsinn das Tor zum Nicht-Bewußten ist, das der Meister gerade für ihn offenhält. Schlüpft der Schüler hindurch, so befindet er sich augenblicklich in der reinen Soheit, wirkt mit dem Geist des Nicht-Bewußten und benutzt das Denken des Nicht-Denkens.

Er hat völlig unerwartet zu sich selbst gefunden. Plötzlich findet er auch wortlose Antworten auf all seine existentiellen Fragen. Zufriedenheit entsteht und der Schüler beginnt, seine vielen Wünsche als gegenstandslos zu empfinden. Er wird immer stiller, und im Schweigen nimmt er den Einklang mit allem wahr – wenigstens für einen Augenblick, den er nie mehr im Leben missen möchte, dem er alles verdankt, weil er einmal Unsterblichkeit erlebte.

Möchte er sich ganz von der Angst des Todes, von der Sorge um Vergänglichkeit, von dem Leid des Daseins befreien, so hat er nun einen Weg gefunden, der nicht auf Glaube und Hoffnung beruht, sondern auf eigener Erfahrung. Es liegt jetzt allein an ihm, das zu vertiefen, was er für einen Augenblick als Körper-Geist-Einheit erfahren hat. Er ist keinem Schicksal, keiner Fremdbestimmung mehr unterworfen. Er kann kommen und gehen – er ist frei.

Werde wach und befreie dich

Als mich der Inji um Viertel vor drei Uhr in der Nacht weckte, sah ich durch das Licht der Außenlampe Schneeflocken tanzen. Ziellos und frei schwebten sie nieder. Schneeflockenspiel, Formen ohne Zeit und Sinn, wortlos-innige Begegnung, Ungeborenheit.

Einsame, tiefe Töne vom Gong, der vor Kaijō, dem Wecken, angeschlagen wird, beendeten mein selbstvergessenes Schauen. Wer hatte geschaut? Da war nur Kommen und Gehen der Schneeflocken. Für Augenblicke war da niemand, der sah. Was war passiert? Es gab nur ein Spiegeln, ein kurzes Befreitsein von Raum und Zeit. Die Unruhe der sichtbaren Schneeflocken und die Ruhe der unsichtbaren Wirklichkeit in mir waren für Augenblicke eine Einheit.

Das Erwachen des Bewußtseins im Un-Bewußten (Prajñā) kann zu der Vermutung Anlaß geben, ein solches Geschehen könnte sich in der heutigen Welt mit all ihren Problemen und Sorgen gar nicht mehr ereignen. Wolle man gar in die ursprüngliche Selbst-Natur, das Un-Bewußte, den reinen Geist, zurückkehren, so müsse man sich aus dem Daseinsleben, aus der Welt des Alltags, zurückziehen, um in strenger Askese und Abgeschiedenheit dies zu vollziehen.

Dem ist nicht so, denn Shākyamuni Buddha hat uns den mittleren Weg gezeigt. Unsere Selbst-Natur, unsere Buddha-Natur, hat weder Zeit, noch einen festgelegten Ort. Sie liegt allen Dingen, belebten wie unbelebten, in einem Zustand der Undifferenziertheit zugrunde. Wir können, nein, wir müssen das Wirken des ursprünglich Un-Bewußten in unserem alltägli-

chen Leben erfahren.

Prajñā, ein sich selbst spiegelnder Geist, wirkt in zwei Richtungen (siehe Tabelle 1 und 2 hinten). Einmal geschieht ihr Wirken im Bewußten (Karuna, skr.) und einmal im Un-Bewußten. Es ereignet sich gleichzeitig. Prajñā ist ein sich Spiegeln. Das, was sich spiegelt, ist der Geist (Shin). Er wirkt aus sich selbst heraus namenlos, zeitlos und unpersönlich.

Im Gebrauch sind viele Synonyme für den Geist wie zum Beispiel wahres Sein, Leerheit, Buddha-Natur, Selbst-Natur, das wirkende Un-Bewußte. Reiner Geist ist der Zustand wahren Seins an sich. Prajñā ist die Funktion des wahren Seins. Die Funktion ist ein sich Spiegeln sowohl in der Ruhe als auch im Tun, im Wirken des Bewußten wie auch des Un-Bewußten.

Spiegelt sich der Geist im Un-Bewußten, so können wir das als reine innere Erfahrung wahrnehmen. Hier liegt der Ansatzpunkt eines Zen-Meisters. Er packt den Geist des Übenden, richtet ihn auf das Un-Bewußte, damit er Kontakt damit aufnimmt, damit er sich dessen bewußt werden kann.

Die auf den einen Spiegel (B in Tabelle 2) wirkende Prajñā ist auf das Bewußte gerichtet. Die auf den gegenüberliegenden Spiegel (N-B in Tabelle 2) wirkende Prajñā ist auf das Nicht-Bewußte gerichtet. Im ersten Spiegel (B) spiegelt sich ›Shin‹ als Gedanke. Diesen Prajñā-Geist nennt Enō, der 33. Patriarch des Zen oder 6. Patriarch in der chinesischen Fortsetzungslinie des Zen, einfach das Denken. Hier ist Geist gleich Gedanke (Shin = Nen) und Gedanke ist gleich Geist (Nen = Shin). Es ist die Entstehung unseres Daseins-Bewußtseins.

Dieser Prajñā-Geist vermittelt uns mit Hilfe der Sinne Gegenstände, Namen, Formen, Farben, Töne, Gerüche, Gefühle, kurz alles Wahrnehmbare, was in Erscheinung tritt. Jenen Geist, welcher sich des Daseins bewußt wird, nennen wir den dualistischen Geist (U-shin). Seine Funktion ist das dualistische Denken (U-nen). Dualistisches, diskriminierendes, vergegenständlichendes, verwesentlichendes Denken schöpft eine irdische wie auch überirdische Welt.

In diesen Welten der Gegensätze, des Diskutierens, des Argumentierens, des Philosophierens und des Theologisierens wirkt ein endlicher Geist. Seine Tätigkeit ist zweckgebunden und zielgerichtet. Von ihm gibt es keine Rückverbindung zum wahren Selbst, zum Ur-Geist, zum Geist der Einheit.

Der endliche Geist gehört ganz dieser Welt an, erfreut sich ihrer und vermischt sich mit deren Vielheit. In dieser Welt reagiert er mit Habenwollen oder Ablehnung, mit Erlösungsglauben und Schuldzuweisungen. Wissenschaftlich und theologisch versucht der Mensch dieses Geistes sein Diesseits und Jenseits zu ergründen und zu begründen. Das ist das Dasein, von dem Shākyamuni Buddha als leidvoll spricht.

»Leben«, so sagt er, »ist Leiden.« Wir alle wissen aus eigener, schier unerschöpflicher Erfahrung davon zu berichten. Derjenige, der unserer Daseinswelt keine Freude, keinen Frieden, keine Angstlosigkeit abzuringen vermag, und derjenige, welcher des Glaubens und der Jenseitsversprechungen überdrüssig geworden ist, resigniert entweder, biedert sich körperlich wie geistig unserer Gesellschaft an oder – was sehr viel seltener ist – begibt sich auf die Suche nach einem Ausweg.

Gerät ein so aufrichtig Suchender auf den Weg des Zen und begegnet er im rechten Augenblick einem echten Zen-Meister, so kann ihm widerfahren, was wir plötzliche Erweckung, Erleuchtung, Kenshō oder Satori nennen. Was kann mit ihm geschehen?

Kehren wir hierfür zurück zu den beiden vorgestellten Spiegeln, in denen sich ›Shin‹, unser Geist, spiegelt. Die sich auf Spiegel N-B richtende Prajñā (betrachte dazu Tab. 2) ist auf das Nicht-Bewußte gerichtet. Hier spiegelt sich ›Shin‹ als Nicht-Gedanke (Shin = Mu-nen) wieder. Es entsteht, besser es besteht weiter, das Nicht-Bewußte. Der Geist des Nicht-Bewußten ist der ›Nicht-bewußte Geist‹, und seine Funktion ist ›das Denken des Nicht-Denkens‹.

Das Nicht-Entstehen von Gedanken läßt alles so sein, wie es ursprünglich ist. Alles bleibt un-benannt, un-bewertet und un-bezüglich. Dieser in der Soheit wirkende Geist wirkt aus dem Nicht-Bewußten. Er kennt kein Wesen und ist durch keine gegenständliche Begrenzung gebunden.

Das ›Denken des Nicht-Denkens‹ ist reines Wahrnehmen dessen, was sich in Spiegel N-B abbildet. Auch das ist uns nicht bewußt. Doch beide Spiegel, also B und N-B, stehen einander gegenüber. Wird nun Spiegel B nicht benutzt – ist unser Denken im Zazen völlig zur Ruhe gekommen –, so kann sich N-B in B spiegeln, das Nicht-Bewußte kann sich im Bewußten zeigen.

Spiegelt Geist (Shin) sich nicht als ›Nicht-Prajñā-Geist‹, bleibt also Spiegel B leer, dann erscheint in Spiegel B das Bild von Spiegel N-B. Wir werden unvermittelt des Un-Bewußten gewahr.

Eine solche Situation ruft der Zen-Meister hervor, wenn es ihm gelingt, das Daseins-Bewußtsein, das ›Ich-bin-Bewußtsein‹ des Schülers auszuschalten. Damit schafft er Transparenz für das Nicht-Bewußte, das sich nun unerwartet und plötzlich zeigen und damit bewußt machen kann.

Ist Spiegel B spiegelbereit, wird aber nicht benutzt – wenn, einfach gesagt, nicht gedacht wird –, dann kann sich alles, was sich im Spiegel N-B abbildet, gleichzeitig auf Spiegel B zeigen. Das Nicht-Bewußte teilt sich dem Bewußten mit. Das bisher Un-Bewußte wird dem Bewußtsein zugänglich. Wir nennen das ›wirkenden Prajñā-Geist‹ oder Erwachen des Bewußtseins im Un-Bewußten.

Ein Mönch fragt einen Zen-Meister: »Was würdet Ihr dazu sagen, wenn sowohl der Geist als auch seine Objekte vergessen werden würden?«

Der Meister antwortet: »Eine dreibeinige Kröte trägt auf ihrem Rücken einen riesigen Elefanten.«

Der Geist und seine Objekte bedeuten diese Welt, die Welt der Dualität. Das Subjekt steht dem Objekt, der Erkennende dem Erkannten und das Eine dem Vielen gegenüber. Lassen wir alle Vorstellungn los, dann wird die Dualität transparent, und das Sein vor der Dualität erscheint wieder. Auf unser Beispiel bezogen: Verzichten wir auf die Spiegelung in Spiegel B – verzichten wir auf eine Ich-Schau – dann bleibt nur das, was sich in Spiegel N-B zeigt, die Soheit.

Mit seiner Antwort will der Meister den Mönch veranlassen, den Bereich des logischen Verstandes zu überschreiten, damit er eine Wahrheit begreift, die unsere Erfahrung uns unmittelbar vermitteln kann, wenn diskriminierende Denktätigkeit ruht.

Mit seiner dreibeinigen Kröte und dem riesigen Elefanten auf dem Rücken, einfach gesagt, mit einem Unsinn mal Unsinn, versucht der Meister den Mönch aus seinem Logik-Gefängnis zu befreien, damit er unbehindert und frei alles zulassen kann. Wenn also der logische Prüfzwang aufgehoben ist (wenn sich nicht alles in Spiegel B abbilden muß), dann wird eine Wahrheit begreifbar (dann kann sich alles, was sich in Spiegel N-B zeigt, unverzüglich auch in Spiegel B zeigen), die dem ›Denken des Nicht-Denkens‹ entspringt.

Reiner Geist, Selbst-Natur, zeigt sich im Bewußtsein. Das Selbst baut das Selbst im Selbst ein. Oft wird der Weg dazu freigemacht durch einen Schrei, durch einen Schlag mit dem Zen-Stock, eine Ohrfeige, einen Stoß oder einen Fußtritt.

Der Nicht-Prajñā-Geist wird so erschüttert, aus seinem Gleichgewicht gebracht, außer Funktion gesetzt, daß er unfähig ist, sofort einen weiteren Gedanken anzuknüpfen. Logisches Folgern findet eine Unterbrechung. Es wird leer. Da ist Sendepause, könnten wir sagen. Wir nehmen Mu, die Leerheit, wahr. Da ist plötzlich An-atta. An-atta ist also nicht das Ergebnis einer logischen Beweisführung, sondern eine Erfahrungstatsache, die sich gerade dann ereignen kann, wenn die Logik außer Kraft gesetzt ist.

Versuchen wir zusammenfassend uns zu vergegenwärtigen. Prajñā, mit dem Bewußten verbunden, entwickelt sich zum bewußtmachenden, zum denkenden Geist, wodurch die Selbst-Natur mit aller Erscheinungswelt um uns her in Verbindung tritt. Vermittels dieses denkenden Geistes entsteht in uns die Vorstellung von einer Individualität, von einem Ego. Daß es kein Ego, keine Seele gibt, wird in dem Augenblick offenbar, in dem der bewußtmachende Geist erfährt, daß seine eigentliche Quelle das Nicht-Bewußte ist.

Eine Lieblings-Kalligraphie von mir, eine Tuscheschrift von Tetsuo Kiichi Nagaya Sensei, heißt:

»Bambusschatten fegen die alte Treppe,
doch die abgefallenen Blätter bewegen sich nicht.«

U-Shin, mein die Erscheinung erfassender Geist, nimmt die Bewegung des Fegens wahr. Der Vollzug seiner logischen Folgerung jedoch, nämlich daß ein Fegen Blätter beseitigt, bleibt ihm unerklärlich versagt. Das Betrachten der sich nicht bewegenden Blätter – auch eine Funktion von U-Shin – läßt sich mit dem Betrachten des Fegens nicht in Verbindung bringen. Diese Folgerungslücke gewährt einen kurzen Durchblick zu Mu-Shin, zu dem Geist in mir, der die Erscheinungen nicht berührt und von ihnen auch nicht berührt wird.

Im Schauen des leeren Urgrundes durchläuft uns Betrachter blitzartig die Erfahrung, daß wir, die Erkennenden, von dem zu Erkennenden gar nicht getrennt sind. Mu und U sind eins und schließen einander nicht mehr aus. Einheit in Vielheit offenbart sich. Wir sehend Gewordene erleben Grenzenlosigkeit, erleben Freiheit. Die Grenze von Leben und Tod löst sich auf im Augenblick des reinen Betrachtens.

Schon fällt mein Blick wieder woanders hin, ich sehe etwas, werde mir abstrakt meines Beobachtens bewußt und falle zurück in die Vielheit der Gegenständlichkeit, an die mich mein Körper bindet. Traurigkeit? Verzagtheit? Entmutigung?

Ein Mönch fragt den Meister: »Es heißt, daß der Geist, wenn er auf etwas gerichtet werde, abweiche, und daß, wenn ein Gedanke aufsteige, ihm widersprochen werde. Wenn es sich so verhält, wie kann man da vorwärtskommen?« Der Meister antwortet: »Es gibt jemand, dessen Geist beständig darauf gerichtet ist, und dennoch gibt es kein Abweichen in ihm.« Der Mönch fragt weiter: »Wie stehen die Dinge in diesem Augenblick?« Der Meister: »Es findet schon ein Abweichen statt.«

Prajñā, das Erwachen des Bewußtseins im Nicht-Bewußten, ist das erste große Abweichen, die Unruhe in der Ruhe, die Gestaltwerdung im Gestaltlosen, die Formentstehung im Formlosen. Seitdem leben wir inmitten unendlich vieler Abweichungen. Es besteht keine Möglichkeit, ihnen zu entrinnen, außer – daß wir sie leben, wie sie aufeinander folgen. Schon wenn wir ›entrinnen‹ wollen, bedeutet dies ein Abweichen, ein Auflehnen, eine Verneinung des So-Seins. Was bleibt zu tun?

Ein Mönch fragt Meister Hsing-yüan von Lo Shan: »Weshalb steht das steinerne Tor von Lo Shan nicht jedermann offen?« Der Meister erwidert: »Oh, du törichter Kerl!« Der Mönch weiter: »Wenn ihr unerwartet einem hochintelligenten Bruder begegnet, würde ihm dann erlaubt werden, einzutreten, oder nicht?«

Der Meister antwortet: »Trink eine Schale Tee.«

Wenn einer von euch mich nun fragt, was an Wichtigem zu tun bleibt, so frage ich zurück: »Was tust du so alltäglich?« Und wenn du antwortest: »Ich koche, arbeite im Büro, operiere im Krankenhaus, mauere an einem Haus oder schreinere einen Tisch«,

so werde ich antworten: »Tue es ungeteilt, tue es nur, tue es mit ganzem Herzen.« Wenn du mir dann sagst: »Das ist doch keine Antwort auf meine wichtige Frage«, so werde ich dir mit lauter Stimme sagen: »Dein Kopf hat es schon zerteilt, dein Herz ist schon nicht mehr ganz.« Verstehst du dann immer noch nicht, so versetze ich dir mit meinem Stock einen kräftigen Hieb – nein, es gibt nichts zu denken, nichts zu überlegen. Das Innerste des Zen kann nicht durch Überlegungen begriffen werden. Dein Intellekt kann dort nicht eindringen. Richtest du deinen Geist des Denkens (Shin = Nen) darauf, so suchst du nach etwas, wo kein Etwas ist. Du versuchst, Prajñā an eine objektive Wahrheit zu koppeln. Laß' es ungebunden. Erfahre es mit deinem Geist des Nicht-Denkens (Shin = Mu-nen). Laß' sich Prajñā selbst spiegeln. Belaß' es als reines Spiegeln. Laß' es so sein.

»Was bleibt denn zu tun?«, fragst du mich dann vielleicht weiter. Nun bleibt mir nur noch aufzuspringen, dich am Hals zu packen und zu fragen: »Hast du das Tun meines Stockes noch nicht verstanden?« Zögerst du dann noch immer, so muß ich dir mitteilen: »Ich werde dich jetzt erwürgen.« Weichst du erschreckt zurück, dann kann ich dir bestätigen: »Endlich verstehst du. Siehst du, jetzt gerade hast du mir gezeigt, was an Wichtigem zu tun bleibt.«

So zeige ich es meinen Schülern

Wenn wir in der Zendō sitzen, lasse ich zwei Übende aufstehen und sich gegenüberstellen (siehe dazu Tabelle 2). Der eine ist Spiegel B (Bewußtsein), der andere ist Spiegel N-B (Nicht-Bewußtsein).

Nun stelle ich einen dritten, S (Shin), zwischen beide. Er steht so, daß sein Gesicht B zugewandt ist. Jetzt lasse ich S eine Bewegung machen, die von B spiegelbildlich imitiert wird. Ich frage B, was er tut, und er benennt mir, was er von S imitiert.

Hier spiegelt sich S in B als Gedanke, als Name, als Form. Es stellt sich ein rein gegenständlicher Geist, der Daseins-Geist, dar.

Nun frage ich S, was N-B macht. Er weiß es nicht, weil er nichts sieht. Zu N-B sage ich, er möge stumm sein.

»Wie kannst du wahrnehmen«, frage ich S, »was N-B macht?« »Indem ich mich umdrehe«, antwortet S. »Tue es«, sage ich und füge hinzu: »Wer in das Nicht-Bewußte sehen will, muß seinen Geist umwenden.« »Mache eine Bewegung«, fordere ich S auf und frage N-B, was er tut.

Keine Antwort, nur Bewegung wird spiegelbildlich imitiert.

Hier spiegelt sich S in N-B als Nicht-Gedanke, namenlos, formlos. Es stellt sich ein über-gegenständlicher Geist, der Geist des Nicht-Bewußten, dar.

Damit kann S nichts anfangen.

»Tritt mal zur Seite«, sage ich zu S, »und tue etwas.«

Nun steht S als Ich-Bewußtsein nicht mehr im Weg. B und N-B spiegeln einander ungehindert.

S schlägt in die Hände, sieht es N-B auch tun, aber hört nichts. B tut, was er bei N-B sieht, und sagt: »Ein Ton ist zu hören.«

Nun streckt S eine Hand vor und sieht es N-B auch tun. B tut, was er bei N-B sieht, und sagt: »Nicht ein Ton ist zu hören.«

Wenn man zwei Hände zusammenschlägt, dann entsteht ein Ton. Was ist der Ton der einen Hand? – Nicht ein Ton, ein Nicht-Ton!

Alles spielt sich gleichzeitig und im gleichen Raum ab.

Schüler B, Schüler S und Schüler N-B sind im selben Augenblick in der Zendō.

S hört Ton und nimmt Nicht-Ton wahr. Er kann also beides wahrnehmen. Sein Wahrnehmen mit den Ohren und den Nicht-Ohren machen ihm Ton und Nicht-Ton bewußt. Das Erwachen des Bewußtseins im Nicht-Bewußten hat sich vollzogen.

Hier dargestellt, gespielt durch die Zen-Schüler, vollzieht es sich in uns im gleichzeitigen äußeren wie inneren Erleben – wenn wir bereit sind, den Geist zu wenden, zu befreien, wenn wir transparent, von Bindungen und Bedingungen frei, also ichlos werden, dann kann Gegenständliches wie Übergegenständliches mit einem Geist wahrgenommen werden.

Natürlich hat dieses Beispiel Schwächen. Es ist eben wie jeder immer unvollständig bleibende Versuch, sich vom Über-Gegenständlichen eine gegenständliche Vorstellung zu machen. Unser Spiel in der Zendō hat eben nur Hilfsfunktion. Hört deshalb auf, Zen nur zu spielen.

Zen-Meister Ch'uan Teng-lu, der in der frühen

T'ang-Zeit lebte, sagt: »Für mich gibt es nur das Gehen auf einem Weg, der Herz hat, der lebendigen Geistes ist. Dort gehe ich, und die einzige lohnende Herausforderung ist, seine ganze Länge zu gehen. Und dort gehe ich und sehe – und sehe atemlos.«

Ihr, die ihr hier vor mir sitzt, hört besser nicht auf zu atmen, sonst könnt ihr nicht Zen, den lebendigen Buddha-Weg, weitergehen und nachher, am Ende des Teishō, das Shiguseiganmon nicht mehr rezitieren. Beruhigt eure Sinne, dann wird euer Geist gelassen und heiter sein. Habt ihr Einsicht erlangt, dann gibt es nichts mehr zu verstehen. Vielleicht kann wenigstens das Spielen meines Spieles euch erleben lassen, daß die Welt des Zen lebendiges Jetzt, ein unendliches Meer ist, in dem ihr wie ein Fisch schwimmt.

Ein Fisch, der zur Königin der Fische ging, fragte: »Ich habe immer vom Meer gehört, aber was ist das, dieses Meer? Wo ist es?« Die Königin der Fische erklärte: »Du lebst, bewegst dich und hast dein Sein im Meer. Das Meer ist in dir und außerhalb deiner. Du bist aus Meer gemacht und wirst im Meer enden. Das Meer umgibt dich als dein eigenes Selbst.«

Ich bin kein König, sondern nur ein einfacher Mensch. Wenn ihr mich jetzt nach dem Sein fragt, so sage ich: »Wir müssen jetzt aufhören zu reden, damit der Tenzō entsprechend Zeit hat, Saiza, das Mittagessen, zu bereiten.«

ZEN – UND EIN LEBEN NACH DEM TOD?

Der Traum von der Unsterblichkeit gehört zu uns Menschen seit unserem Beginn. Diesen Traum zerstört die moderne Wissenschaft. Für den Wissenschaftler, der meint, alles manipulieren zu können, ist der Tod die größte Herausforderung. Eine kaum übersehbare Zahl von Veröffentlichungen sogenannter Todeserfahrungen liegen uns vor.

1975 erschien das Buch »Leben nach dem Tod« des Amerikaners Raymond Moody, in dem er Menschen nach ihren Erfahrungen befragte, die bereits ›klinisch tot‹ waren und durch Reanimation wiederbelebt wurden. Doch schon vor Moody hatte 1794 der französische Aufklärer Antoine de Condorcet »die Auflösung oder Verschiebung des Todes im menschlichen Leben« verkündet.

Heute heißt diese Forderung ›Digitale Unsterblichkeit‹. Unter diesem Begriff verbirgt sich die Vorstellung, das menschliche Gehirn per Computer perfekt zu simulieren, indem man den gesamten Hirninhalt auf ein anderes Speichermedium zu kopieren versucht. Forschungen in der Medizin, der Gentechnik und der Computerwissenschaft haben bereits erste Erfolge zu vermelden – wenn auch vorerst nur bei der Verlängerung des Lebens einer bestimmten Fliegenart.

Der englische Historiker Arnold Toynbee, ein Gegner der Lebensverlängerung, sagte sarkastisch: »Voller Ekel vor der Routine des Lebens möchte ich nicht über Jahrmillionen jährlich immer neu eine Steuererklärung ausfüllen müssen.«

So steht einer übergroßen Anzahl von Menschen,

die eine Lebensverlängerung ersehnen, eine kleine Anzahl derer gegenüber, welche daran nicht interessiert sind. Sogenannte ›Erlebnisberichte von Verstorbenen‹, Patienten mit Herzstillstand, die mit Hilfe der Reanimationsmedizin wieder zum Leben gebracht wurden, schildern phantastische ›Jenseitserlebnisse‹. Sie sprechen euphorisch von Fahrten durch dunkle Tunnel, an deren Ende ein ›warmes, helles Licht‹ auf sie wartete, von ›Christus, der sie in seine Arme schloß‹, von ›Treffen mit verwandten Verstorbenen‹, von ›Wanderungen durch paradiesisch schöne Landschaften‹ und von einem wunderbaren ›Seelenfrieden‹, der sie voller Glück sein ließ.

Kritisch bemerkenswert dabei ist, daß scheinbar nur ›Positiverfahrungen‹ gemacht wurden. Empirische Medizinforscher erklären diese Äußerungen als Gehirnreaktionen von Sterbenden. Endorphine, vom Körper gebildete morphiumähnliche Substanzen, können Sterbende in einen Zustand der Verklärung versetzen. Halluzinationen sind es, von denen die Sterbenden berichten.

Ist die Vorstellung von einem Leben nach dem Tod eine Illusion, oder entspringt sie einer wirklichen inneren Erfahrung? Menschen – und nur diese – haben in allen Epochen ihres Daseins an ein Leben nach dem Tod ›geglaubt‹.

Der Kern christlichen Glaubens ist das Osterfest, die Auferstehung Christi von den Toten. Doch schon aus vorchristlicher Zeit kennen wir die Mythen des Philosophen Platon: »Über die Unsterblichkeit der Seele«, wobei die Seele nach ihrer Trennung vom Körper zum ›Sitz der Götter‹ gelange. Im asiatischen Lebensbereich ›glauben‹ die Menschen an eine Reinkarnation, die Wiedergeburt als Mensch, Tier oder Pflanze.

Voraussetzung aller Glaubensinhalte ist entweder eine ›göttliche Schöpfung des Menschen‹ oder ›ein von Göttern beherrschter Kosmos‹ oder ›ein göttliches All, in dem alles, was lebt, gerettet wird‹. ›Cryonics‹ nennen sich Menschen in Amerika, die ihre Leichen in mit flüssigem Stickstoff gefüllten Edelstahltanks einfrieren lassen. Sie erwarten, hoffen und glauben unbeirrbar, einmal wiedererweckt zu werden und dann über ihren Körper sofort wieder verfügen zu können.

Die großen Glaubensreligionen bestärken den Menschen darin, den Tod als diesseitiges Ende anzuerkennen. Eine Vorstellung von einem jenseitigen Leben nach dem Tod ›auf welche Weise auch immer‹ wird ›mit allen zur Verfügung stehenden Mitteln‹ und nicht zuletzt auch im Sinne einer ›Machtbehauptung ihrer Institutionen‹ aufrechterhalten.

Hier in Deutschland, so ergab 1993 eine Umfrage, glauben 37% an ein Leben nach dem Tod. 41% glauben nicht daran. Welche geistigen Potentiale in Bewegung sind, drückt sich zahlenmäßig in der Encyclopaedia Britannica (Jahrbuch 1993) aus. Die Weltbevölkerung beträgt ca. 5 Milliarden Menschen. Davon bezeichnen sich als religiös etwa 4 Milliarden. 1 Milliarde Menschen gibt an, Atheisten oder Nicht-Religiöse zu sein.

Angesichts des Todes – das zeigen uns die Todesrituale, Begräbniszeremonien und die große Zahl von Kulthandlungen, wie sie noch heute mit einem ungeheuren finanziellen Aufwand gepflegt werden – ent-

faltet der Mensch eine gewaltige Phantasie zur Bewältigung der Todesangst.

Festzustellen ist gegenwärtig eine Veränderung im dogmatischen Streit zwischen Religion und Wissenschaft. Die religiösen Institutionen verzeichnen einen zunehmenden Verlust von Anhängern. Der Wunsch nach Erfahrung, nicht nach göttlicher Offenbarung oder vorgefaßter Weltanschauung, nimmt zu.

Der einem Glauben immer skeptischer gegenüberstehende, suchende Mensch beginnt mehr in als außerhalb seiner selbst zu suchen. Er unternimmt das Wagnis, angestammte religiöse Vorstellungen zu durchbrechen, infantiles Wunschdenken aufzugeben und den letztendlich unbefriedigenden Bereich der Illusion zu verlassen. Die Selbsterfahrung, eine Seinsweise des Selbsterwachens, bietet sich als Zen-Weg an – allerdings nicht als sonntägliche Nebensache zum Alltag, sondern als Forderung zu einem neuen, ganzheitlichen, sich selbst verwirklichenden Leben.

Der Tod, so verstehen wir es anfangs auch als Zen-Menschen, ist die absolute Verneinung des Lebens. Der Tod ist eine schwere Last für das Leben und sorgt für unaufhörliche Unruhe. Wenn Shākyamuni Buddha erkennt: »Leben ist Leiden«, so bezieht er sich in erster Linie auf die Vergänglichkeit des Lebens. Dies ist auch der Hintergrund unseres alltägliches Leben. Uns Menschen zwingt sich eine pessimistische Lebenssicht auf. Jedoch können und wollen wir diese Todeslast nicht auf uns ruhen lassen. Wege zur Überwindung des Todes werden gesucht. Es entstehen unter anderem die Glaubensreligionen, von denen ich schon vorher sprach. Bleibt der wahrhaft suchende Mensch auch davon unbefriedigt – und das muß er beim Bezweifeln und Durchschauen der religiösen Legenden – dann wendet er sich nach innen. Er wird versuchen, die Begrenzungen seiner Intellektualität zu überwinden. Unter Verzicht auf Erklärungen probiert er herauszufinden, ob etwas, und wenn ja was, hinter diesen Grenzen gefunden werden kann.

Hier liegt die Geburtsstunde eines wahren Zen-Menschen, der den Glaubensweg verlassen und den Weg der Erfahrung betreten hat. Im Zen wird uns gesagt: »Du kennst nur den gewöhnlichen Tod als Ende des Lebens – aber es gibt noch einen anderen Tod. Wir nennen ihn den ›Absoluten Tod‹ oder den ›Großen Tod‹. Er ist ein umfassender Tod höherer Dimensionen, weil er den gewöhnlichen Tod in sich einschließt.«

Es ist der Tod, so verstehen wir im Zen, dem wir begegnen, während wir leben. Dieser ›Große Tod‹ ist die vollkommene Hoffnungslosigkeit, das vollkommene Aufhören jeglichen Glaubens, die totale Erwartungslosigkeit.

Uns Suchenden auf dem Erfahrungsweg des Zen bleibt nichts anderes, als uns auf diese ›Große Krise‹ unseres Lebens einzulassen. Sei wach! Laß' los! Geh' weiter! Wenn du schließlich nicht mehr ein noch aus weißt, wird dir nichts anderes übrigbleiben, als zu tun, was zu tun ist. Du hast deinen Schutzpanzer fixierter Vorstellungen, trügerischer Vorurteile und anerzogener Glaubensinhalte durchbrochen und stehst nackt wie vor einem Spiegel und entdeckst dich selbst.

»Zögere nicht«, wird dir ein echter Zen-Meister zurufen, »denn Spiegel und du sind die letzte Dualität.

Überwinde auch sie noch. Tritt ein in die Leere jedes Gedankens, jeder Vorstellung, jedes Glaubens. Werde vollkommen leer, das heißt werde dir vollkommen der unbedingten Erkenntnisfähigkeit deines Geistes bewußt.«

»Du mußt den ›Großen Tod‹ sterben, um zu leben,« heißt es im Zen. Was bedeutet das? Der relative Mensch in uns, der aufgrund seiner leiblichen Todeserkenntnis zur absoluten Verneinung seines Daseins gelangt ist, muß sterben. Übrig bleibt das in uns, was sich seiner Selbst als absolutes Subjekt gewahr wird.

Absolut heißt hier: frei von Bedingungen. Als ursprünglicher Mensch, wie wir vor dem Denken sind, finden wir uns selbst wieder. Im Satori-Erlebnis, einem aktiven Ereignis vollkommen aus uns selbst heraus (Jiriki), können wir die Dualität und mit ihr Leben und Tod überwinden. Endet unser Dualitätsbewußtsein, erlischt gleichzeitig unsere Angst vor dem Tod.

»Das Todlose ist gefunden«, ruft uns Shākyamuni Buddha nach seinem Erwachen, nach seinem Zum-Buddha-Werden, zu. Erwacht selbst! Seid selbst Buddha! Befreit auch euch von der Angst des Todes! Beginnt zu leben! Wo gibt es dann ein Vorher und ein Nachher? Wo gibt es da ein Leben vor und ein Leben nach dem Tod?

»IN DER WELT LEBEN,

aber nicht abhängig sein vom Staub der Welt, das ist der Weg eines wahren Zen-Schülers.

Wenn du Zeuge der heilsamen Tat eines anderen bist, so ermuntere dich selbst, seinem Beispiel zu folgen. Wenn du von der unheilsamen Tat eines anderen hörst oder zugegen bist, so rate ich dir, ihm nicht nachzueifern. Selbst wenn du allein in einem dunklen Raum bist, so verhalte dich nicht anders, als befändest du dich vor den Augen eines Gastes. Drücke deine Gefühle aus, aber drücke nicht mehr aus als deiner wirklichen Natur entspricht. Armut ist ein Schatz. Tausche sie niemals gegen ein leichtes Leben ein!

Ein Mensch kann wie ein Dummkopf erscheinen – aber keiner sein. Vielleicht beschützt er nur sorgfältig seine Weisheit.

Heilbringende Eigenschaften sind die Frucht der Selbstdisziplin und fallen nicht von selbst vom Himmel wie Regen oder Schnee.

Bescheidenheit ist die Grundlage aller heilbringenden Eigenschaften. Laß' dich von deinen Mitmenschen entdecken, bevor du dich ihnen selbst bekanntmachst. Ein reines Herz drängt sich niemals vor. Seine Worte sind selten wie Edelsteine, nicht oft gezeigt und von großer Hilfe.

Für einen ernsthaften Schüler ist jeder Tag ein Glückstag. Die Zeit vergeht, aber er bleibt niemals hinter ihr zurück.

Weder Ruhm noch Schande können ihn bewegen. Tadle dich selbst, aber nie einen anderen. Diskutiere nicht über richtig und falsch. Manche Dinge werden, obwohl sie richtig sind, Generationen lang für falsch gehalten. Manche Dinge werden, obwohl sie falsch sind, lange für richtig angesehen.

Da der Wert der Rechtschaffenheit nach Jahrhunderten anerkannt werden mag, besteht keine Notwendigkeit, sich nach augenblicklicher Anerkennung zu sehnen.

Lebe mit Wachheit in klarer Bewußtheit, und überlasse dem großen Gesetz des Universums die Ergebnisse. Verbringe jeden Tag im Zazen – ob du nun liegst, sitzt, gehst oder stehst.«

Diesen Rat schrieb Zengetsu, ein chinesischer Meister der T'ang-Zeit, im Jahre 818 für seine Schüler auf – auch im Jahre 1994 gilt er uneingeschränkt.

Viel zu viel habe ich gesprochen, über richtig und falsch diskutiert und meinen Gefühlen sicher manchmal überstarken Ausdruck verliehen. Ich habe auch nicht so viel frei verfügbare Zeit wie frühere Zen-Meister, stehe mitten im Berufsleben und muß ein immer suchendes Herz zügeln. Die Ereignisse des Jahres 1994 scheinen vielfältiger, verwirrender und einem wahren Menschsein ferner zu sein als die des Jahres 818. Unser gegenwärtiger Zen-Weg, der Weg des Buddha, hat es mit Menschen zu tun, und da bin ich sicher, die sich von den damaligen, die zur Zeit Shākyamuni Buddhas lebten, weder in Intelligenz noch Verhaltensweise unterscheiden. Lediglich ein anderes Weltbild und größere technische Naturbeherrschung ist uns eigen, sonst aber werden wir sicherlich von denselben trügerischen Hoffnungen, Erwartungen und Glaubensinhalten bewegt.

Wir Zen-Übende sehen in Shākyamuni Buddha nicht einen über dem Boden schwebenden Heiligen, sondern einen weltaufgeschlossenen, seine Intelligenz einsetzenden, entsprechend realistisch erkennenden und handelnden, ichlos gewordenen weisen Menschen.

Keine vergangene Zeit, auch nicht die indische, chinesische oder japanische Vorzeit des Zen, war eine ›bessere Zeit‹ oder gar ›die gute alte Zeit des Zen‹. Wie viele Menschen dieser Epochen ein starkes Verlangen nach neuen Erlösungslehren zeigten, so sind auch viele Menschen unserer Zeit Suchende.

Oft habe ich gehört, insbesondere von sehr intellektuell geprägten Menschen, der Buddha als Person sei unwichtig, allein seine zeitlose Lehre verdiene Beachtung. Dem kann ich nicht entsprechen. Shākyamuni Buddha, der mir seine umfassenden Erfahrungen als Weg dargelegt und vor allem vorgelebt hat und der mir eine neue Selbst- und Weltsicht zeigt, hat mein höchstes Interesse natürlich auch als Person.

Mich als suchenden westlichen Menschen fesselt das Wie einer Erkenntnis ebenso wie das Was.

Von ganzem Herzen möchte ich all denen danken, die mein Leben grundlegend verändert und meinen Erkenntnisweg gefördert und unterstützt haben. So gilt mein Dank zutiefst Shākyamuni Buddha, aber auch Meister Zengetsu, Rinzai Gigen Rōshi, Seki Yūhō Rōshi, meinem geliebten Meister, meiner Frau, die mich über fast drei Jahrzehnte unterstützte und viele meiner Schriften sorgfältig korrigierte, meinen Schülern und allen nahen und fernen Menschen, die mir geholfen haben, bescheiden, selbstverständlich, bedingungslos und unbekümmert das Leben immer neu anzunehmen und mich selbst zur Verfügung zu stellen.

Mit Gasshō
Sōtetsu Yūzen

Die Vergangenheit ist schon vorüber.
Das Zukünftige ist noch nicht da.
In der Gegenwart ist keine Heimat.
Alles wandelt sich immer,
Nirgends ist fester Halt.
Namen und Worte sind selbst geschaffene Verwirrung.
Was vergeudest Du so Dein Leben,
müßig den Tag lang?
Gib Deine altvermoderten Ansichten auf.
Laß Deine neumodischen Einbildungen fallen.
Ehrlich und ganzen Herzens
Forsche und spiegele Dich in Dir selber.
Forschend und spiegelnd, spiegelnd und forschend –
Bis der Augenblick kommt,
Daß kein Forschen mehr möglich ist.
Denn dies ist die Zeit, da Du siehst,
Daß all Dein Leben ein Wahn gewesen ist.

Daigū Ryōkan (1758-1831)
Zen-Mönch und Einsiedler

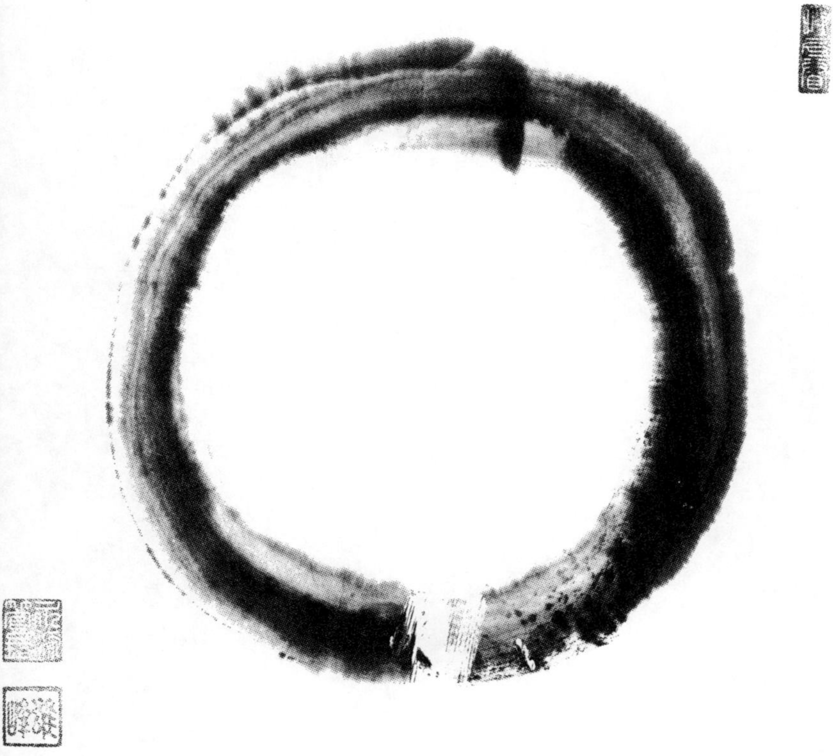

Anhang

Was ist Mumon-Kai?

Es ist eine Gruppe von Zen-Übenden, die sich *Mumon-Kai*, d.h. Gemeinschaft ohne Tor, nennt. Durch diese Gemeinschaft wurden und werden Einrichtungen geschaffen, die der Übung des ursprünglichen Zen oder dessen Unterstützung dienen. Suchenden, die dem Zen begegnen, Interessierten, die es kennenlernen wollen, und Übenden, die den Weg des Zen gehen, stehen diese Einrichtungen offen.

Mumon-Kai besteht aus einem Förderkreis und der Gemeinschaft ohne Tor. Der Förderkreis, ein eingetragener Verein, ermöglicht es, als private Institution ohne öffentliche Zuschüsse, allein durch regelmäßige Beiträge und Spenden die finanzielle, aber auch geistige Basis zu schaffen, auf der Zen entwickelt und geübt werden kann. Er trägt den Namen

Förderkreis Mumon-Kai
Gemeinschaft ohne Tor
Erste Berliner Zen-Gemeinschaft e.V.

Sitz des Vereins ist Berlin.

Der Verein wurde am 27.7.1971 von Sōtetsu Yūzen Sensei (Dr. Klaus Zernickow) gegründet.

Zweck des Vereins ist es, seinen Mitgliedern und interessierten Dritten die Teilnahme am Zazen unter Leitung eines Zen-Meisters zu ermöglichen.

Ein weiteres Ziel des Vereins liegt in der Förderung von *Mumon-Kai*, der seit 1971 in Berlin bestehenden

Gemeinschaft ohne Tor, und der Unterhaltung der in Berlin gelegenen Hauptsitzhalle *Kin-Mō-Zendō* sowie deren Zweigsitzhallen in Deutschland, Österreich und Polen. Aus dem Förderkreis, dem sie gleichzeitig angehören, gehen hervor die Mitglieder von

Mumon-Kai, Gemeinschaft ohne Tor.

Der Zweck der Gemeinschaft ist die Übung des Zazen auf seiner Grundlage, dem Buddhismus. Mumon-Kai folgt der Rinzai-Schule. Durch ein unmißverständliches Sicheinbeziehen als lebendiges Mitglied in Mumon-Kai entsteht Weggemeinschaft, die gleichzeitig Lebensgemeinschaft ist.

Mitglied kann werden,
– wer sich zur Lehre von Shākyamuni Buddha bekennt,
– wer während 3 Jahren regelmäßig (d.h. mindestens wöchentlich einmal) an den festgesetzten Zazen-Übungen teilgenommen hat,
– wer an mindestens drei von Mumon-Kai durchgeführten einwöchigen Sesshin teilgenommen hat, wovon eines das Rōhatsu-Sesshin sein muß.

Die Mitgliedschaft wird durch den Leiter von Mumon-Kai entschieden und vollzogen.

Sōtetsu Yūzen Sensei

wurde 1940 in Schlesien geboren. Während seines Medizinstudiums in Berlin traf er auf die Lehre von Shākyamuni Buddha, der er aus tiefer Überzeugung folgt. Seit 1976 arbeitet Dr. Zernickow als Arzt in eigener Praxis. In dieser Tätigkeit sieht er eine Verwirklichung des Zen im Alltag.

1964 begann seine Übung des Zazen.

1969 begegnete er Professor Nagaya, Tōkyō, der ihm die Grundlagen des Zen gewissenhaft vermittelte. In der Folgezeit fand Dr. Zernickow Unterweisung durch Meister des Rinzai-Zen.

1971 gründete er die ›Erste Berliner Zen-Gemeinschaft e.V.‹, der Professor Nagaya den Namen ›Mumon-Kai‹, d.h. ›Gemeinschaft ohne Tor‹, gab.

1974 begegnete Dr. Zernickow seinem persönlichen Meister, Seki Yūhō Rōshi, dem er bis zu dessen Tod im Jahre 1982 als Schüler folgte.

1980 erhielt Dr. Zernickow Tokudō-Shiki, die Ordination zum Rinzai-Zen-Mönch. Vom Myōshin-Ji / Japan wurde er als Shika bestätigt.

1982 wurde Sōtetsu Yūzen, das ist der Mönchsname von Dr. Zernickow, Dharma-Nachfolger seines Meisters.

1986 erhielt Sōtetsu Yūzen auch in China durch den Meister Che Hua, dem Abt des Baima-Si (Weißpferd-Kloster) in Luoyang / Henan, die Bestätigung als ein Ch'an-Meister der Lin-Chi-Schule.

1989 bestätigte Lopsang Ngupdruk, der Abt des Klosters Drepung in Lhasa / Tibet, Sōtetsu Yūzen als buddhistischen Meister und Abt. Als Siegel der Bestätigung darf Sōtetsu Yūzen den halben Namen des Abtes vom Drepung-Kloster führen.

Zen-Zentrum Mumon-Kai

Es umfaßt die Gesamtheit aller zu Mumon-Kai gehörenden Zazen-Übungshallen nebst einem vegetarischen Restaurant.

In den Sitzhallen entspricht der Übungsablauf der Schule des Rinzai-Zen.

Alle Zweig-Zendō verwalten sich selbst, sind jedoch im Förderkreis Mumon-Kai als eingetragener Verein zusammengeschlossen. Diejenigen Mitglieder der Zen-Gemeinschaft, welche einer Sitzhalle vorstehen, haben eine Ausbildung als Jikijitsu (Leiter der Sitzhalle) und sind von Sōtetsu Yūzen Sensei persönlich eingesetzt worden. Sie haben sich verpflichtet, täglich selbst zu üben sowie zu angegebenen Zeiten Suchenden und Interessierten, wie selbstverständlich den Mitgliedern der jeweiligen Zweig-Zendō Gelegenheit zur Übung des Zazen zu verschaffen. Möglichkeit zu intensiver Zen-Übung ist an Wochenendübungen und ganzwöchigen Sesshin, die öffentlich durchgeführt werden, gegeben. Teilnehmen kann jeder, der die Zendō-Ordnung anerkennt und den Anweisungen des Sitzhallenleiters Folge leistet. Gemeinsam ist allen Zendō von Mumon-Kai ein formeller Übungsablauf, der in einem Rezitations- und Textheft, das bei Anmeldung zu einer Zen-Übung zugeschickt wird, aufgeführt ist. In Einführungskursen (siehe jährliches Zazen-Programm) bekommt der Anfänger durch Informationen und praktische Übungen ersten lebendigen Zen-Kontakt.

Zum Zen-Zentrum Mumon-Kai gehört auch das Zen-Restaurant ›Hakuin‹.

Dieses Restaurant hat dreifache Funktion und ist

eine Verwirklichungsmöglichkeit des Zen im Alltag, eine gute, praktische Gemeinschaftsübung (es arbeiten nur Mitglieder von Mumon-Kai in dem Restaurant). Es erwirtschaftet die finanziellen Mittel, welche die Zen-Gemeinschaft benötigt, um bestehende Einrichtungen zu erhalten und neue zu schaffen. Es schafft eine materielle Basis, auf der sich lebendiger Buddhismus entwickeln kann und überprüfbar ist als Lebensweg. Es ist das zentrale Anliegen von Mumon-Kai, starke, lebendige Zen-Gemeinschaften zu bilden, regelmäßig Zazen zu üben, Sesshin zu veranstalten und diese echte Praxis ins alltägliche Leben zum Wohle aller zu transferieren. So ist und bleibt höchstes Ziel der Übung und Praxis, den Einzelnen anzuleiten, denn der Weltfrieden läßt sich, so meinen wir, nicht erwarten, ohne daß jeder seinen Ursprung untersucht und bis auf den Grund des Seins geht. Nach unserer Erfahrung ist der Weg des Zen dazu besonders geeignet.

Kin-Mō-Zendō

Die *Kin-Mō-Zendō* wurde 1976-1978 erbaut. Die Gestaltung der Zendō ergab sich aus funktionellen Bedürfnissen unter Berücksichtigung ästhetischer Grundelemente des Zen, wie Einfachheit, Klarheit und Stille. Seki Yūhō Rōshi, der Abt des Rinzai-Zen-Klosters Eigen-Ji / Japan, gab während einer Feier in Japan der Halle den Namen *Kin-Mō-Kutsu*, was – nach der Bedeutung übersetzt – ›Höhle der Urkraft‹ heißt. Gleichzeitig fand diese Sitzhalle beurkundete Anerkennung als Rinzai-Zendō durch Japan. Mit der Eröffnung am 25.11.1978 wurde die Sitzhalle lebendiger Ort für Zazen. Der Zendō-Bereich umfaßt die Privatwohnung von Sōtetsu Yūzen Sensei und seiner Familie, das *Kannon-no-Ma*, die Wohnung des Sitzhallenleiters und einen Garten. Das *Kannon-no-Ma* (Gemach der Kannon) ist ein Bereich, der als Gemeinschaftsraum für Sa-Dō (Tee-Weg) und Ka-Dō (Blumen-Weg) oder als Gastwohnung genutzt werden kann.

SITZHALLEN VON MUMON-KAI

Hauptsitzhalle

KIN-MŌ-ZENDŌ
Frohnauer Straße 148
13465 Berlin
Tel. (030) 401 30 69

Zweigsitzhallen der Kin-Mō-Zendō

SAMMAI-AN
Taborstraße 43/9
A-1020 Wien
Tel. (0043) 1-513 11 97

Im Herbst 1982 eröffnete Sōtetsu Sensei eine Zweigsitzhalle in Österreich. SAMMAI-AN, die »Klause der Sammlung«, führt Roman Rinke, ein österreichisches Mitglied von Mumon-Kai.

EIWA-ZENDŌ
ul. Podsudecka 3
Szklarska Poreba/Polen
Tel. (0048) 75-172474

Im Sommer 1983 gründete Sōtetsu Sensei eine Zweigsitzhalle in Polen. Die EIWA-ZENDŌ, »Sitzhalle des ewigen Friedens«, wird von Leszek Jarzemski geführt. Sie ist die erste Rinzai-Zendō in Polen.

SHINRAI-DŌJŌ
Uferstraße 69
79115 Freiburg
Tel. (07668) 14 56

Im Herbst 1984 weihte Sōtetsu Sensei die SHINRAI-DŌJŌ, »Halle des Vertrauens«, ein. Sie dient als Übungsstätte für Rinzai-Zen im süddeutschen Raum und wird von Renate Frommherz geführt.

DAISHIN-DŌ
Albert-Molineus-Straße 23
42289 Wuppertal
Tel. (0202) 55 48 68

Am 24.2.1985 wurde in Wuppertal die DAISHIN-DŌ, »Halle des unbedingten Herzens«, durch Sōtetsu Sensei eröffnet. Sie wird von Michael Voigt und Andreas Weinert geführt.

SEIJAKU-DŌ
Richard-Dehmel-Straße 48
28211 Bremen
Tel. (0421) 239 159

Am 20. Oktober 1985 wurde durch Sōtetsu Sensei in Bremen eine weitere Zweigsitzhalle von Mumon-Kai eröffnet. Sie heißt SEIJAKU-DŌ, »Halle der reinen Stille«. Sie wird geführt von Peter Pasti und Dietmar Jansohn.

Nyorai-Dō
ul. Barlickiego 12/3
Wroclaw / Polen

Im Herbst 1986 entstand in Polen eine weitere Sitzhalle von Mumon-Kai. Durch die Nyorai-Dō, »Halle des Soseins«, gibt es in Wroclaw eine Möglichkeit zur Übung des Rinzai-Zen. Waldek Pienkowski führt derzeitig diese Zazen-Übungshalle.

Kannon-Dō
ul. Dabrowskiego 33 m. 12
Poznan / Polen

Im Herbst 1987 wurde die 3. polnische Mumon-Kai-Zendō eröffnet. Die Kannon-Dō, »Halle der Kannon«, ermöglicht nun auch für Interessierte im Raum um Poznan die Übung des Rinzai-Zen. Die Kannon-Dō wird geführt von Tomasz Domagala.

Kongo-An
Wilhelm-Schadow-Straße 9 b
03099 Kolkwitz bei Cottbus

Am 17. Dezember 1989 wurde durch Sōtetsu Sensei die Kongo-An, »Diamant-Klause«, in Cottbus eröffnet. Es gibt dadurch in der Gegend um Cottbus erstmalig einen festen Übungsort für Rinzai-Zen. Die Kongo-An wird geführt von Thomas Kaffner und Armin Urbantke.

MUSHIN-DŌ
Schumannstraße 57
22083 Hamburg
Tel. (040) 227 99 90

Im Herbst 1993 gründete Sōtetsu Sensei eine Zweigsitzhalle in Hamburg. Die MUSHIN-DŌ, »Halle des nicht-wesenhaften Bewußtseins«, wird von Torsten Gettwart geleitet.

HAKUIN
Vegetarisches Spezialitäten-Restaurant
der Zen-Gemeinschaft Mumon-Kai
Martin-Luther-Straße 1-1 A
10777 Berlin
Tel. (030) 218 20 27

HAKUIN, das Restaurant der Zen-Gemeinschaft, das sie am 29. September 1985 in Berlin eröffnete, hat es sich zur Aufgabe gemacht, Entspannung von der Hektik der Großstadt in einer Oase der Ruhe zu schaffen. Mitglieder von Mumon-Kai kochen hier mit Liebe und servieren mit Herz, indem sie im HAKUIN verwirklichen, was sie im Zen üben.

Regelmäßig wird an folgenden Tagen und Zeiten Zazen in der KIN-MŌ-ZENDŌ geübt:

Montag bis Freitag	7.00 - 8.00 Uhr
Dienstag	20.00 - 21.30 Uhr
Donnerstag	19.00 - 21.30 Uhr
Jeden 1. und 3. Sonntag im Monat	8.00 - 11.30 Uhr

Jeden Donnerstag findet DOKUSAN statt.
Jeden 1. Sonntag im Monat ist TAIWA (persönliches Gespräch mit dem Zen-Meister).

Die Übungen in den Zweig-Zendō sind hinsichtlich Tag und Zeit unter den entsprechenden Anschriften zu erfragen.

Zendō-Feiertage von Mumon-Kai
Gemeinschaft ohne Tor

6. Februar	Dharma-Chakra-Pravartana Erinnerungstag, an dem durch Shākyamuni Buddha das Rad der Lehre in Bewegung gesetzt wurde
9. Februar	Kaisan-Ki (siehe im Anschluß)
15. Februar	Nehan-E Parinirvana-Tag (Todestag) von Shākyamuni Buddha
8. April	Kambutsu-E Geburtstag von Shākyamuni Buddha
12. April	Seki-Yūhō-Ki (siehe im Anschluß)
26. September	Kannon-Ki (siehe im Anschluß)
5. Oktober	Daruma-Ki (siehe im Anschluß)
8. Dezember	Jōdō-E Erleuchtungstag von Shākyamuni Buddha
25. Dezember	Geburtstag des Zen-Meisters Hakuin Ekaku (25.12.1685 - 11.12.1768)

Kaisan-Ki: Erinnerungstag an den Gründer der Zen-Gemeinschaft. Dieser Feiertag gehört zu den wichtigsten des ganzen Jahres. Die Berliner Zen-Gemeinschaft ›Mumon-Kai‹ wurde am 27. Juli 1971 durch Sōtetsu Yūzen Sensei (Dr. Zernickow) ins Leben gerufen. Am 9. Februar 1974 erfolgte die offizielle Eintragung als ›Erste Berliner Zen-Gemeinschaft e.V.‹

SEKI-YŪHŌ-KI: Gedenktag an Seki Yūhō Rōshi (1900-1982), Rōshi der Eigen-Sōdō, mit Ehrennamen Ryotenshitsu.
Er hat als erster großer Rōshi des Rinzai-Zen-Zweiges seit 1974 die Lehre des Zen nach Deutschland gebracht, um es hier wurzeln zu lassen. Ein besonderes Anliegen war ihm die Kin-Mō-Zendō in Berlin.
Der Unterweisung seines Schülers Sōtetsu Yūzen, in dessen zweitem Namen er verewigt ist, maß er besondere Bedeutung zu bezüglich der Fortsetzung seiner Zen-Arbeit im deutschsprachigen Raum.
Am 12. April 1982 ging Seki Yūhō Rōshi in die Verwandlung ein. Bei seinem letzten Deutschlandbesuch bestätigte er Sōtetsu Yūzen nach achtjähriger gründlicher Prüfung im Dokusan als Sensei. Als bleibender Ausdruck dieser tiefen Verbundenheit wird ein Teil der Asche von Seki Yūhō Rōshi in der Kin-Mō-Zendō aufbewahrt.

KANNON-KI: Tag zur Erinnerung an Kannon-Bosatsu. Kannon symbolisiert den Bodhisattva der großen Barmherzigkeit, Dankbarkeit und Liebe. Er gelobt, alle Wesen mit seiner Barmherzigkeit zu retten. Kannon-Bosatsu als Eigenschaft der Barmherzigkeit und Monju-

Bosatsu als Eigenschaft der Weisheit sollten die wesentlichen Eigenschaften jedes Zen-Übenden werden.

DARUMA-KI: Tag zur Erinnerung an Bodhidharma, den 28. Patriarchen des Zen, welcher das Zen im Jahre 520 n. Chr. von Indien nach China brachte. Seine Lehre läßt sich in vier wesentliche Punkte zusammenfassen:

1. Zen ist eine besondere ›Übertragung‹ der Lehre des Buddha außerhalb der Schriften.
2. Kein Vertrauen nur in Worte oder Buchstaben.
3. Direktes Hinweisen auf die eigene Natur, das Selbst.
4. Schau der eigenen Natur und Erlangen der Buddhaschaft.

Die Feier zur Erinnerung an Bodhidharma findet am 5. Oktober eines jeden Jahres statt.

Anleitung zur Zen-Übung

1) Über den Zen-Geist:

Zuerst triff die klare Entscheidung, selbst Erleuchtung erlangen und anderen helfen zu wollen. Suche Dir einen Meister des Zen, dem Du vertrauen kannst. Bitte ihn, Schüler sein zu dürfen, denn ohne Unterweisung und Prüfung wirst Du Dich verirren. Werde Dir des Zen-Gelöbnisses bewußt. Erkenne, wie Du es halten und wie Du es brechen kannst. Gib Dein Ego auf, und werde zu Deinem wahren Selbst.

In der Ursprungsnatur
gibt es kein dieses oder jenes.
Der große runde Spiegel
hat kein Mögen oder Nichtmögen.

2) Über die Aufmerksamkeit:

Klammere Dich nicht an Deine Meinungen.

Besprich Deine privaten Ansichten nicht mit anderen. Wenn Du Dich an Deine Meinungen bindest und sie verteidigst, zerstörst Du Deine Übung. Wirf alle Meinungen weg.

Geh nicht dorthin, wo Du nicht erwünscht bist. Höre nicht auf Reden, die Dich nichts angehen. Löse Dich von Begierde und Trägheit des Geistes sowie des Körpers.

Wenn Du in diesem Leben
Deinen Geist nicht öffnest,
dann kannst Du nicht
einen Tropfen Wasser verdauen.

3) Über das Verhalten:

Handle immer mit anderen zusammen. Sei bemüht im Sinne der Gemeinschaft. Stelle Dich nicht über die anderen, indem Du eigensinnig handelst. Für Arroganz ist in der Zendō kein Platz.

Geld und Gier sind wie eine giftige Schlange. Sie kann Dich beißen.

Gehe in der Zendō immer leise und achtsam an denen vorbei, die Zazen üben. Achte bei Ansprachen und Zeremonien auf richtige Haltung und saubere Zazenkleidung. Bemühe Dich, im Zendō-Bereich nicht ungebeten zu reden oder laut störend zu sein.

Wenn Du unbedingt etwas außerhalb der Zendō zu erledigen hast, was Dich zwingt, gemeinsame Übungen zu versäumen, bitte vorher den *Shoji* oder *Jikijitsu* der Zendō um Erlaubnis.

Achte jene, die länger üben als Du. Hilf denen, die neu hinzukommen. Erhalte Deinen Geist groß und offen. Beherzige die Worte des Zen-Meisters Seki Yūhō: Die Zendō ist ein Haus für Gesunde. Körperlich oder geistig Kranke gehören in ein entsprechendes Haus für Kranke.

Sei freundlich zu Gästen. Zeige ihnen, daß sie willkommen sind, und kümmere Dich um ihre Bedürfnisse, ohne Deine alltäglichen Pflichten zu vernachlässigen.

Wenn erfahrene und weise Menschen die Zendō besuchen, verneige Dich vor ihnen, sei ihnen behilflich, und sei zurückhaltend.

Hilf den Menschen, die Dich darum bitten. Spiele nicht mit dem Vertrauen anderer Menschen. Klatsche nicht und sei kein Zwischenträger.

Benutze nicht die Sachen anderer.

Hafte nicht an Worten und Schriften; benutze sie als Wegweiser. Verschlafe nicht. Sei aufmerksam von Augenblick zu Augenblick.

Sei nicht verletzend in Worten und Taten.

Etwas für nicht richtig halten, heißt: Ich weiß, was richtig ist. Etwas für richtig halten, heißt: Ich weiß, was nicht richtig ist. Dieses ›Ich weiß‹ laß sich auflösen.

Die Zen-Übung ist die Rückkehr zum Ursprungspunkt, dem Zustand vor dem Wissen, das unser ursprünglich freies Sein in die begrenzte Abhängigkeit von Wissen zwingt.

Besprich interne Zendō-Angelegenheiten nicht mit Fremden oder Gästen. Sprich zu anderen nie schlecht über Deine Zendō. Wenn Dir etwas mißfällt, kläre es zuerst in Dir, wenn notwendig mit dem Meister.

Diskutiere, d.h. zerteile es nicht noch mehr, sondern im Gegenteil, suche den Kernpunkt Deines Mißfallens in Stille zu lösen, oder löse Dich in Stille.

Sei stark, erkenne, verstehe und handle stets entsprechend. Gib Dich nicht der Selbsttäuschung hin zu denken, Du seist jemand, der schon alles versteht.

Bemühe Dich stets um Anfängergeist.

Kümmere Dich zuerst um Dich selbst, und beurteile nicht die Handlungen anderer.

Ursprünglich ist nichts. Wenn Du dies durch konsequentes Zazen erkennst, wirst Du die Wand Deines Ich durchbrechen und unendlich in Zeit und Raum sein.

4) Über das Sprechen:

Deine Zunge kann Dich und andere vernichten.

Laß den Korken in der Flasche. Zieh ihn nur heraus, wenn es notwendig ist.

Sei im Zendō-Bereich nicht achtlos beim Sprechen und Handeln.

Wenn Du mit zwei sich Streitenden zusammenkommst, mische Dich nicht ungebeten ein. Wirst Du um Rat gefragt, benutze solche Worte, die ihren Ärger besänftigen und nicht parteiisch sind.

Schaffe nicht das unheilsame Karma des Lügens, des Besserwissens, der Übertreibung, des Zwietrachtstiftens oder der Entwürdigung anderer.

5) Über das Essen:

Ein bedeutender Lehrer sagte: »Ein Tag ohne Arbeit ist ein Tag ohne Essen.«

Es gibt zwei Arten von Arbeit: innere Arbeit und äußere Arbeit. Innere Arbeit heißt, den Geist klar erhalten. Äußere Arbeit heißt, selbstsüchtige Begierden aufzugeben und anderen zu helfen.

Während Du ißt, achte nur auf Dich selbst. Kümmere Dich nicht um die Handlungen anderer.

Nimm das, was auf den Tisch kommt, mit Dankbarkeit entgegen.

Klammere Dich nicht an Mögen oder Nichtmögen, Können oder Nichtkönnen.

Suche keine Befriedigung im Essen. Iß, um Dein Leben zu unterstützen.

Selbst wenn Du Dein ganzes Leben lang ›gute‹ Nahrung zu Dir nimmst, wird Dein Körper sterben.

Der große Weg ist nicht schwer.
Schneide einfach jeden Gedanken
an Gut und Böse ab.
Salz ist salzig.
Zucker ist süß.

6) Über die Übung:

Während der Übung handle immer zusammen mit den anderen! Erkenne, daß es nur um das Rezitieren, nicht um Dich geht. Während des Rezitierens folge dem Mokugyo. Während des Sitzens folge dem Keisaku. In der Zendō folge dem Jikijitsu. Mit dem Herzen folge dem Meister. Erfasse die wahre Bedeutung des Rezitierens, des Sitzens, der ganzen Übung, und handle entsprechend.

Verstehe, daß Du unheilsames Karma durch Ichhaftigkeit aufhäufst. Halte Dir das vor Augen, wenn Du Dich in Reue verbeugst.

Unser Karma hat keine Eigennatur, sondern wird nur durch unser Denken geschaffen. Überlaß nicht Deinem Denken die Herrschaft über Dich, und beende dadurch das Entstehen von Karma.

Wenn wir unseren Urgrund als leer begreifen, dann ist das wahre Reue.

Rufen in ein Tal.
Mächtiger Ruf – mächtiges Echo.
Schwacher Ruf – schwaches Echo.

7) Über die Dharma-Rede:

Wenn Du den Worten des Zen-Meisters folgst, halte Deinen Geist klar. Klammere Dich nicht an seine Worte. Schneide alles Denken ab, und stoße zur wahren Bedeutung seiner Rede durch.

Denke nicht: Ich verstehe bereits sehr viel, ich habe für seine Rede keine Verwendung. Das ist Selbsttäuschung. Wenn Du eine Frage hast, stelle sie Dir zuerst selbst. Erst danach frage den Zen-Meister, wenn er es Dir erlaubt.

Wenn eine Schlange Wasser trinkt, wird das Wasser zu Gift. Wenn eine Kuh Wasser trinkt, wird das Wasser zu Milch. Wenn Du Dich an die Unwissenheit klammerst, indem Du Deinem Intellekt hörig wirst, erschaffst Du Leben und Tod mit all seiner Problematik. Wenn Du klar bleibst, wirst Du ein Buddha sein.

Bei der großen Arbeit von Leben und Tod
wird die Zeit nicht auf Dich warten.
Warte nicht, geh weiter!

Blauer Himmel und grüner Ozean
sind das ursprüngliche Gesicht des Buddha.
Das Rauschen des Wasserfalls und der Gesang
des Vogels sind die großen Sūtren.

Wohin gehst Du?
Achte auf Deine Schritte.
Das Wasser fließt hinab in den Ozean.
Die Wolken schweben hinauf in die Himmelsregion.

Japanische Begriffe

[1] ***Kaijō***: Aufstehen. Durch das Klingeln einer Glocke (bzw. Gong), das zusammen mit dem Ruf »Kaijō« ertönt, werden die Übenden morgens geweckt. Kurz danach beginnt der Tagesablauf, so daß entsprechende Beeilung geboten ist.

[2] ***Chōka***: Verbeugung vor dem Buddha und den Patriarchen, nicht im Sinne der Anbetung, sondern der Verehrung, weil sie Erleuchtete repräsentieren. Bei dieser Übung am frühen Morgen wird zum einen für den Dharma (Lehre des Buddha) gedankt, den die Patriarchen weitergegeben haben, und zum anderen wird der feste Wille bekundet, ebenfalls die Buddhaschaft zu erlangen.

[3] ***Baitō***: Getränk aus sauren japanischen Pflaumen, Zucker und heißem Wasser. Es wird nach der Morgenrezitation als Heilmittel getrunken.

[4] ***Dokusan***: bedeutet wörtlich: ›Allein gehen‹. Zur *Kōan*-Übung geht der Übende allein zum Zen-Meister. Kōan ist ein irrationales Problem, das nur durch persönliches Erleben, nicht aber durch Denken gelöst werden kann. Es ist ein Mittel, das dem Übenden helfen soll, zu seinem wahren Selbst durchzubrechen.

[5] ***Zazen***: Nur sitzen.

[5a] ***Kinhin***: Zazen im Gehen, das zwischen den Sitzperioden stattfindet.

[5b] ***Keisaku***: Weckstab, den der Übende erbitten kann oder der ihm gegeben wird, wenn er sich müde fühlt oder starke Schmerzen hat, um die Übung konzentriert fortzusetzen.

[5c] ***Yaza***: Nachtsitzen oder Zazen im Freien, welches

außerhalb der Zendō stattfindet, wenn diese auch gemeinsame Schlafstätte ist. Yaza ist frei, jeder übt für sich allein und bestimmt auch die Dauer selbst, wobei bis zum nächsten Morgen gesessen werden kann.
[5d] ***Sesshin***: Gemeinschaftsübung des Zazen während einer längeren zusammenhängenden Zeit.
[5e] ***Rōhatsu***: Sesshin in der Zeit bis zum 8. Dezember zur Erinnerung an die Erleuchtungserfahrung des Buddha Shākyamuni. Während dieser Übungswoche, die die strengste im ganzen Jahr ist, bleiben die Übenden durchgehend, bis auf wenige Unterbrechungen, in der Zendō.
[6] ***Shukuza***: Morgenmahlzeit, die mit Rezitation begonnen und auch beendet wird. Beim Essen herrscht – wie beim Sitzen – absolute Stille. Es sind jegliche laute Geräusche (mit dem Eßgerät oder beim Essen selbst) zu unterlassen.
[7] ***Niten Sōji***: Aufräumen. Diese Zeit dient dem Ordnen persönlicher Dinge, der Reinigung von Gegenständen und der zusätzlichen Körperpflege.
[8] ***Samu***: Arbeit im Garten und in den Gebäuden. Es heißt im Zen: »Ein Tag ohne Arbeit ist ein Tag ohne Essen.« Körperliche Arbeit bildet einen Ausgleich zum Sitzen, sie ist Zazen in Bewegung.
[9] ***Sarei***: Gemeinsames Teetrinken, ein kleiner Abschnitt des Tee-Weges, fördert die Harmonie der Gemeinschaft.
[10] ***Teishō***: Vortrag des Zen-Meisters, wobei es nicht um die Interpretation eines Textes geht, sondern vielmehr um die Mitteilung seiner eigenen Erfahrung. Er bezeugt die Wahrheit, die er selbst erlebt hat.
[11] ***Saiza***: Das Mittagessen wird nicht nur als Speise an

sich, sondern auch als Medizin angesehen. Dabei wird der Tischspruch des Zen gesprochen, *Gokanmon* (die 5 Ermahnungen) und *Sanshige* (3-Bissen-Gelöbnis).

[12] ***Kyūkei***: Pause. Die Zendō darf verlassen werden. Die Gestaltung der Pausenzeit ist dem Einzelnen unter Beachtung der Zendō-Ordnung überlassen.

[13] ***Taiwa***: Gespräch mit dem Zen-Meister, bei dem wesentliche persönliche Probleme vorgetragen werden können. *Taiwa* ist von *Dokusan* zu unterscheiden, weil hierbei keine *Kōan*-Übung abgehalten wird.

[14] ***Jakuseki***: Abendessen. Die Reste des Morgen- und Mittagessens werden als letzte Mahlzeit des Tages eingenommen. Eine Rezitation findet dabei nicht statt. Übrig gebliebene Speise muß gerettet und darf nicht getötet, weggeworfen werden.

[15] ***Banka***: Abendrezitation. In der Zendō ist es selbstverständlich, daß jeder mitrezitiert, auch wenn nicht alle Rezitationstexte sofort mit ganzem Herzen aufgenommen werden können. Die Texte erschließen sich erst nach langer, harter Übung und können mit dem Kopf allein nicht begriffen werden.

[16] ***Kaichin***: Schlafengehen. Durch das Klingeln einer Glocke (bzw. Gong), das zusammen mit dem Ruf »Kaichin« erfolgt, wird die Schlafenszeit angekündigt.

Tabelle 1

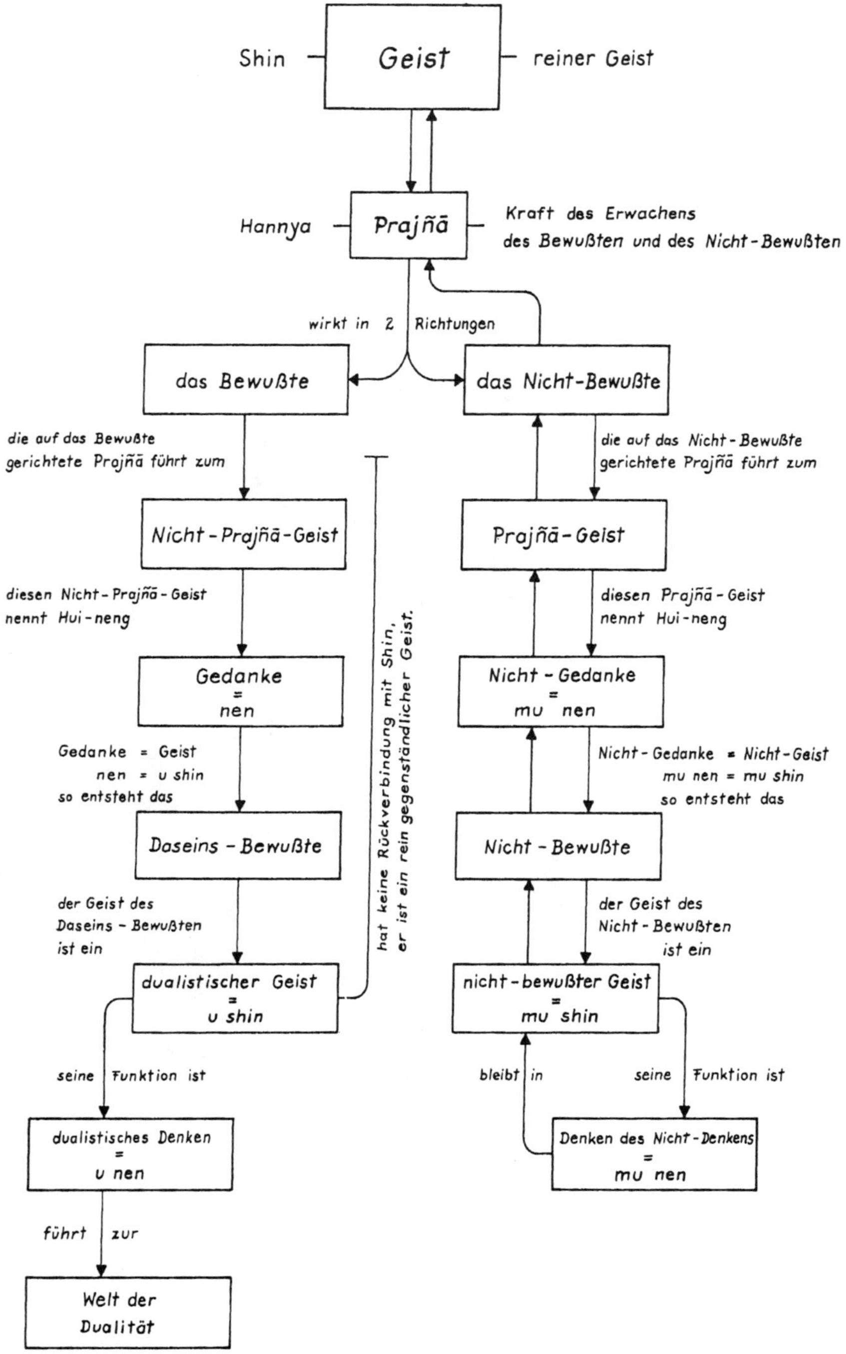
Shin
Geist
reiner Geist
Hannya
Prajñā
Kraft des Erwachens
des Bewußten und des Nicht-Bewußten
wirkt in 2 Richtungen
das Bewußte
das Nicht-Bewußte
die auf das Bewußte
gerichtete Prajñā führt zum
die auf das Nicht-Bewußte
gerichtete Prajñā führt zum
Nicht-Prajñā-Geist
Prajñā-Geist
diesen Nicht-Prajñā-Geist
nennt Hui-neng
diesen Prajñā-Geist
nennt Hui-neng
Gedanke = nen
Nicht-Gedanke = mu nen
Gedanke = Geist
nen = u shin
so entsteht das
Nicht-Gedanke = Nicht-Geist
mu nen = mu shin
so entsteht das
Daseins-Bewußte
Nicht-Bewußte
der Geist des
Daseins-Bewußten
ist ein
der Geist des
Nicht-Bewußten
ist ein
hat keine Rückverbindung mit Shin,
er ist ein rein gegenständlicher Geist.
dualistischer Geist = u shin
nicht-bewußter Geist = mu shin
seine Funktion ist
bleibt in
seine Funktion ist
dualistisches Denken = u nen
Denken des Nicht-Denkens = mu nen
führt zur
Welt der Dualität

Tabelle 2

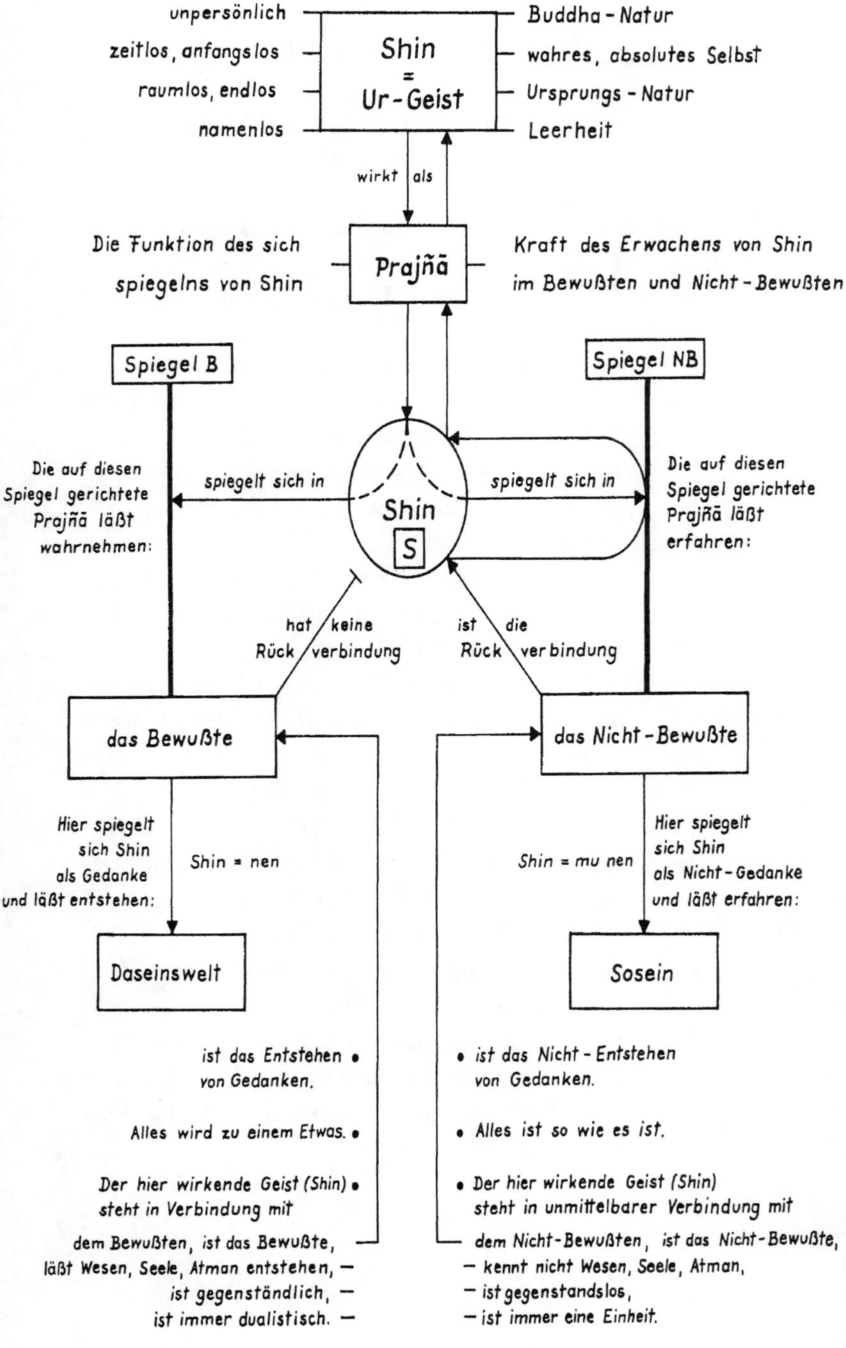

unpersönlich
zeitlos, anfangslos
raumlos, endlos
namenlos
Shin
=
Ur-Geist
Buddha-Natur
wahres, absolutes Selbst
Ursprungs-Natur
Leerheit
wirkt als
Die Funktion des sich spiegelns von Shin
Prajñā
Kraft des Erwachens von Shin im Bewußten und Nicht-Bewußten
Spiegel B
Spiegel NB
Die auf diesen Spiegel gerichtete Prajñā läßt wahrnehmen:
spiegelt sich in
Shin
S
spiegelt sich in
Die auf diesen Spiegel gerichtete Prajñā läßt erfahren:
hat keine Rückverbindung
ist die Rückverbindung
das Bewußte
das Nicht-Bewußte
Hier spiegelt sich Shin als Gedanke und läßt entstehen:
Shin = nen
Shin = mu nen
Hier spiegelt sich Shin als Nicht-Gedanke und läßt erfahren:
Daseinswelt
Sosein
ist das Entstehen von Gedanken.
Alles wird zu einem Etwas.
Der hier wirkende Geist (Shin) steht in Verbindung mit dem Bewußten, ist das Bewußte,
läßt Wesen, Seele, Atman entstehen, —
ist gegenständlich, —
ist immer dualistisch. —
ist das Nicht-Entstehen von Gedanken.
Alles ist so wie es ist.
Der hier wirkende Geist (Shin) steht in unmittelbarer Verbindung mit dem Nicht-Bewußten, ist das Nicht-Bewußte,
— kennt nicht Wesen, Seele, Atman,
— ist gegenstandslos,
— ist immer eine Einheit.

BUCHHINWEISE

Folgende Titel von Sōtetsu Yūzen Sensei sind erschienen:

Jetzt und hier. Auf dem Zen-Weg. Schikowski Verlag, Berlin 1974

Die Stimme des Regenbogens. Bläschke Verlag, Darmstadt 1978

Ein befreiendes Lachen. Octopus Verlag, Wien 1983

Mumon-Kai – Gemeinschaft ohne Tor. Ein gemeinsames Bemühen um die Verwirklichung der Buddha-Lehre in Deutschland, Österreich und Polen. Mumon-Kai Zen-Zentrum, Berlin 1985

(mit Ruth Flamm-Oberwelland:) *Zen sucht Ch'an.* Zurück zur Quelle – Versuch der Darlegung und Suche nach dem Ch'an-Buddhismus im China von heute. Octopus Verlag, Wien 1987

Der Mond schwebt durch die Leere. Zen-Übende auf der Suche nach dem Selbst. Octopus Verlag, Wien 1988

Das Zen von Meister Rinzai – Das Lin-Chi Lu / Rinzai Roku. Werner Kristkeitz Verlag, Leimen 1990

Trefft ihr den Buddha, dann tötet ihn. Pilgerreise zu Buddha in Japan, China, Tibet, Nepal, Indien und – in uns. Werner Kristkeitz Verlag, Leimen 1990

Einfach so ... wahrgenommen von Sōtetsu Sensei. Zen-Gedichte. Werner Kristkeitz Verlag, Leimen 1992

Damit wir Menschen zu Menschen werden. Eine Pilgerreise zu Weggefährten in Not und Verfolgung – eine Heimkehr zu uns selbst. Mumon-Kai Verlag, Berlin 1993